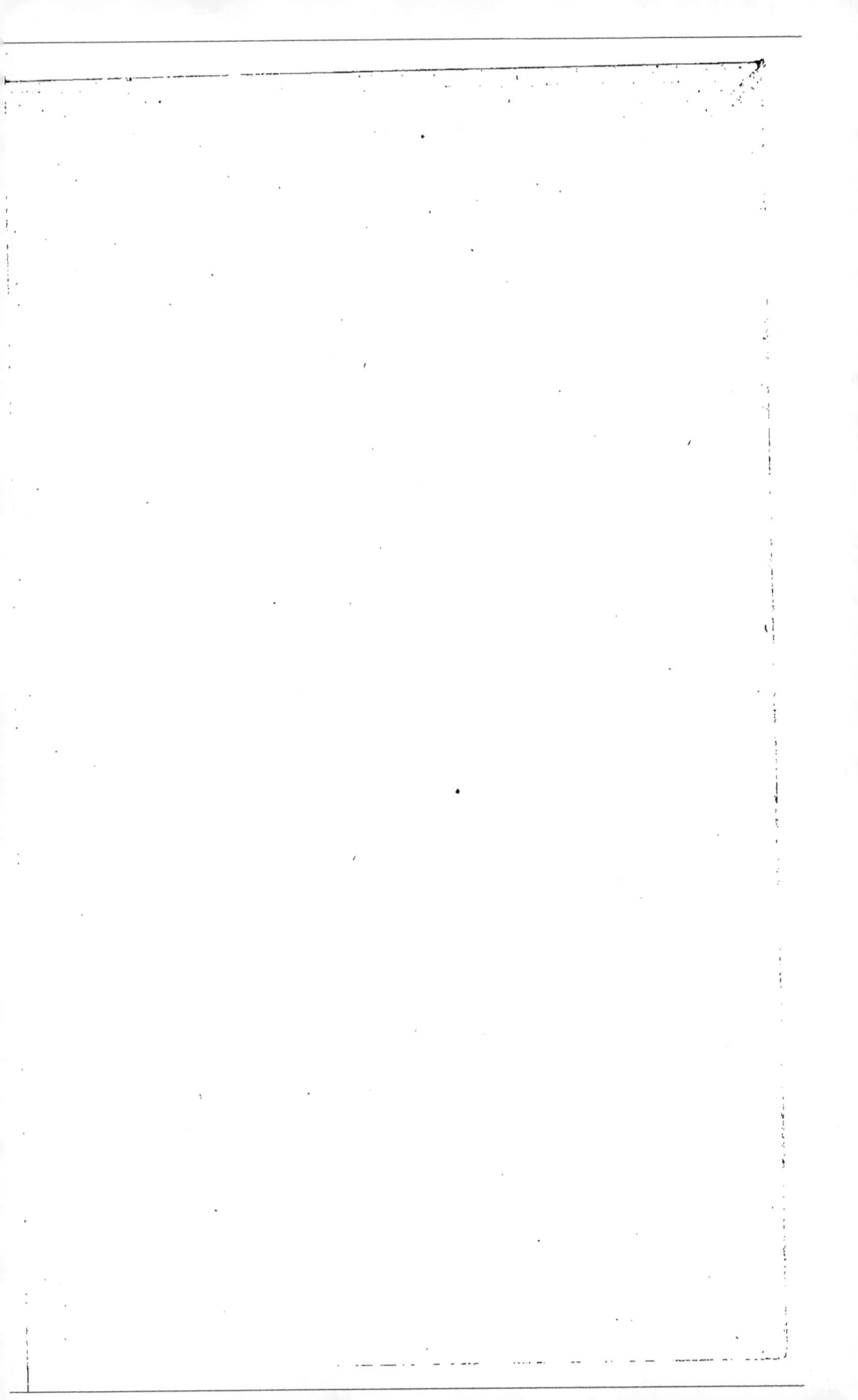

HISTOIRE GÉNÉRALE

DE LA

GUERRE D'ITALIE

(1ʳᵉ Livraison.)

PROPRIÉTÉ.

HISTOIRE GÉNÉRALE

DE LA

GUERRE D'ITALIE

PRÉCÉDÉE

de l'exposé des faits qui ont amené la
guerre actuelle entre l'Autriche, d'une
part; le Piémont et la France, de l'Autre,

PAR CH. DEVERT.

LYON

IMPRIMERIE ET LITHOGRAPHIE DE BAJAT FILS,
Cours de Brosses, 9, à la Guillotière.

1859

AVANT-PROPOS

En ce moment où tous les esprits sont préoccupés des événements qui se déroulent sur le théâtre de la guerre, où les phases de la lutte dans laquelle le drapeau de la France se trouve engagé, surexcitent une curiosité aussi inquiète que sympathique, la brochure que nous publions pourra offrir quelque intérêt, puisqu'elle traite un sujet tout palpitant d'actualité.

Mais, par cela même que les combats qui se livrent sur les rives du Pô et de la Sesia vont décider du sort de la Péninsule italienne, nous n'avons pas dû nous borner à la reproduction de simples bulletins des opérations stratégiques. Les causes qui ont amené la guerre, la position des états italiens vis-à-vis de l'Autriche, les tentatives faites par les puissances européennes pour que la paix ne fût pas troublée, l'attitude calme et digne du gouvernement français pendant les pourparlers et les négociations diplomatiques ; tout cela nous a paru devoir être rappelé sommairement.

De quoi s'agit-il, en effet, dans ce qu'on appelle la *question italienne* ? De mettre un terme à la situation que les tendances ambitieuses de l'Autriche ont créée pour l'Italie, et de rendre à cette contrée son indépendance, en reconstituant sa nationalité. Or, il est essentiel de bien faire ressortir tout ce que le cabinet de Vienne s'est permis, en de-

hors de ces traités de 1815 que l'on a si longtemps invo-
qués : intervention dans les duchés ; occupation de Modène,
de Ferrare, de Plaisance ; traités secrets avec les souverains
des états reconnus indépendants, et au moyen desquels
l'Autriche exerce de fait une sorte de domination sur l'Italie
centrale et méridionale. Il importe également de bien constater qu'à l'égard de la Lombardie et de la Vénitie, le gouvernement autrichien a méconnu l'esprit des traités qui ré-
servaient la nationalité de ces provinces ; qu'il a manqué à
toutes les promesses faites par lui aux populations de ces
mêmes provinces, en 1814 et en 1848 ; qu'il a fait preuve,
dans les dernières négociations, de duplicité et de mauvaise
foi ; qu'enfin il s'est montré, par ses exigences et ses prétentions toujours nouvelles, déterminé à courir les chances
d'une guerre, plutôt que de faire au maintien de la paix les
plus légères concessions.

Tels sont les précédents et les circonstances que nous re-
laterons d'abord comme des préliminaires indispensables.
Nous arriverons ensuite à l'exposé des événements qui se
succèdent avec tant de rapidité, à ces combats dont l'issue
glorieuse pour nos armes fait présager déjà le succès de la
campagne, et prévoir un résultat que tout s'accorde à faire
espérer.

Ch. DEVERT.

PRÉAMBULE

L'Italie, autrefois maîtresse du monde, en est encore un des plus beaux pays. Elle forme une grande presqu'île qui représente assez bien la figure d'une botte. Les Alpes la séparent, au nord, de la France, de la Savoie, de la Suisse et de l'Allemagne ; la mer Méditerranée l'environne de tous les autres côtés ; la chaine des monts Apennins la traverse dans toute sa longueur. Les fleuves et rivières les plus considérables sont : le Pô et l'Adige, qui prennent leur source dans les Alpes et se jettent dans la mer Adriatique ; le Tibre et l'Arno, qui prennent leur source dans les Apennins et tombent dans la mer Méditerranée ; l'Adda et le Tésin, qui se jettent dans le Pô. Les lacs principaux sont : le lac Majeur, et ceux de Garde et de Côme, près des Alpes. Le lac de Pérouse, autrefois *lac de Trasimène* a une célébrité historique qui lui vient de la victoire remportée, sur ses bords, par le fameux Annibal sur les légions romaines.

On peut diviser le continent italien en trois parties principales : au nord, le Piémont et la Ligurie (ancienne république de Gênes); au centre, le duché de Milan, celui de Mantoue et les Etats de l'ancienne république de Venise (ces trois provinces, à la réserve d'une petite partie du Milanais, dont nous parlerons tout à l'heure, forment ce que l'on appelle le royaume Lombard-Vénitien). Le duché de Modène ; les duchés de Parme, Plaisance et Guastalla ; enfin, les Etats de l'Eglise. Au midi, le grand-duché de Toscane, auquel est adjointe la petite principauté de Piombino ; le duché de Lucques ; enfin, le royaume de Naples.

Les principales îles qui dépendent de l'Italie sont : la Sicile, réunie au royaume de Naples ; la Sardaigne, qui fait partie des possessions du roi de Piémont ; la Corse, qui appartient à la France ; l'île d'Elbe, dont le grand-duc de Toscane est souverain ; enfin, l'île de Malte, que quelques géographes ont classée mal à propos au nombre des îles de l'Afrique ; car il est plus judicieux de la comprendre parmi celles de l'Europe, parce qu'elle a plus de rapports et d'affinités avec cette partie du globe, et qu'elle était jadis un fief relevant de la Sicile. Cette île est, depuis 1802, en la possession des Anglais.

La division de l'Italie en une foule de petites souverainetés distinctes, a été jusqu'à ce jour un obstacle réel à l'indépendance de cette contrée. Au moyen-âge, on y vit des républiques puissantes, parmi lesquelles figuraient Venise, Gênes, Pise, Florence, etc. La ville de Sienne, avec son territoire, forma longtemps aussi une république ; puis elle fut réunie avec Pise et Florence, pour former le grand-duché de Toscane.

Il n'est pas inutile de donner un court aperçu de l'historique des principaux Etats de la péninsule italique.

La Savoie, qui ne dépend pas réellement de l'Italie, fait partie des Etats du roi de Piémont ; elle est bornée au midi, par le Dauphiné et le Piémont ; à l'est, par les Alpes piémontaises ; au nord, par le lac de Genève ; à l'ouest, par le Rhône, qui la sépare de la Bresse et du Bugey. D'après le traité de 1601, le Rhône et sa rive du côté de la Savoie appartenaient à la France en toute propriété ; mais, par suite du traité de 1760, c'est le milieu du cours de ce fleuve qui fait la limite des deux pays.

Le duché de Savoie est possédé depuis plus de sept siècles par la même famille souveraine, qui est aussi illustre qu'ancienne. Le duc de Savoie portait jadis le titre de vicaire perpétuel de l'empire. Il prend la qualité de *roi de Chypre*, à cause du droit qu'il a sur ce pays par la donation qu'en fit à Charles de Savoie l'un de ses ancêtres, en 1487, Charlotte de Lusignan, fille et héritière de Jean, dernier roi de Chypre. Cette princesse avait épousé Louis de Savoie, oncle de Charles. De même que la France, la Savoie admet *la loi salique*, c'est-à-dire que les femmes n'héritent pas de la souveraineté.

Par le traité d'Utrecht, en 1715, le duc de Savoie fut mis en possession de la Sicile avec le titre de *roi* ; mais la Sicile lui ayant été enlevée en 1718, par les Espagnols, on lui donna la Sardaigne en échange, et il prit le titre de *roi de Sardaigne* ; son fils aîné portait celui de *prince de Piémont*.

La Savoie se divise en six parties, dont trois au nord et trois au midi. Au nord, le Genevois, le Chablais, le Faucigny ; au midi, la Savoie propre, la Tarentaise et la Maurienne. Sous le premier empire français, la Savoie formait à peu près deux départements : celui du Léman et celui du Mont-Blanc. En 1815, elle fut rendue au roi de Sardaigne, moins quelques parties du Chablais, qui ont servi à agrandir le canton de Genève. C'est un pays pauvre, et dont le territoire est peu fertile ; les montagnes, presque toujours couvertes de neige.

y rendent l'air froid. Les principales villes sont Chambéry et
Montmélian, qui se trouvent dans la Savoie propre. La première
est la capitale du duché ; la seconde est une ville très fortifiée.
Henri IV s'en empara en 1600, et le maréchal de Catinat en
1691. Ripaille, dans le Chablais, n'est célèbre que par la retraite du duc Amédée VIII, qui y menait la vie délicieuse d'où
est dérivé le proverbe : *faire ripaille*. Cette ville est située sur
les bords du lac de Genève.

La route la plus fréquentée pour aller de Savoie en Piémont,
est par le Mont-Cenis. Cette montagne a trois lieues de pente
du côté de l'Italie. Autrefois, la traversée du Mont-Cenis était à
peu près impraticable pour les voitures. Le gouvernement
français y a fait construire une grande route, qui permet de
traverser la montagne sans danger. Le Mont-Cenis a une lieue
et demie de terre-plein ; de chaque côté de ce terre-plein s'é-
lève une montagne qui fournit l'eau d'un lac d'où naît la petite
Doire, qui se précipite vers Suze, ville du Piémont.

Le Piémont, après avoir eu ses princes particuliers, est échu
par alliance aux ducs de Savoie, depuis le XIe siècle. C'est un
pays assez fertile, quoique montagneux en beaucoup d'en-
droits ; on y cultive des mûriers partout, et des oliviers dans le
comté de Nice. Voici les provinces qui composent le Piémont :
la principauté de ce nom, dont les villes principales sont : Turin,
grande et belle ville, capitale des Etats du roi de Sardaigne
et sa résidence ; à deux lieues au nord de Turin est la Vénerie,
maison de plaisance du roi de Sardaigne. A deux lieues ouest
de Turin, se trouve Rivoli, autre maison de plaisance. Ce nom,
est célèbre par une victoire des armées françaises sur les Autrichiens en 1796. Le maréchal Masséna portait le titre de duc
de Rivoli. Suze, ville forte ; Pignerol, dont le château fort a été
démoli ; Carignan, simple bourg, avec titre de principauté. Le
duché d'Aoste, qui ne renferme que la ville de ce nom. Le
marquisat de Verceil, où se trouvent Verceil, Bielle et Masse-
ron. Le comté d'Asti, où se trouvent Asti et Véruc. Le marquisat de Saluces, qui renferme la ville du même nom, le gros
bourg de Carmagnolles et le village de Cérizolles, célèbre par
la bataille gagnée en 1544 sur les troupes de Charles-Quint par
les Français, sous les ordres du duc d'Enghien, âgé seulement
de 22 ans. Le comté de Nice, qui dépendait autrefois de la
Provence, dont il est séparé par le Var. La ville de Nice passe
pour un assez bon port.

Le Montferrat, autrefois principauté séparée, a été cédé aux
ducs de Savoie, en divers temps et en différentes parties. La
ville la plus considérable du Montferrat est Cazal ; les autres
sont : Albe, Trin et Acqui.

Les États du roi de Sardaigne comprennent encore la partie du Milanais que l'empereur d'Allemagne céda au roi de Sardaigne en 1708, 1735 et 1745. C'est là que se trouvent Alexandrie, Tortone, Novarre, Valence, Mortare, Vigévano, etc. Nous ne devons pas oublier de mentionner que c'est à peu de distance d'Alexandrie qu'est situé le village de Marengo, à jamais célèbre par l'éclatante victoire remportée en 1800, sur les Autrichiens par les Français, que commandait le premier consul Bonaparte. Cette bataille décida du sort de l'Italie, dont les Français se rendirent maîtres.

Sous l'empire, le Piémont, réuni à la France, formait les sept départements : du Pô, de la Doire, de la Sésia, de la Stura, des Alpes-Maritimes, du Tanaro et de Marengo.

L'île de Sardaigne, assez étendue, mais peu fertile et productive, passa, en 1620, de la domination de l'Espagne à celle de l'empereur d'Allemagne. En 1718 on la donna au duc de Savoie, en indemnité de la Sicile que les Espagnols lui avaient enlevée ; ce prince prit alors le titre de roi de Sardaigne.

La Sardaigne ne renferme pas de villes très importantes. Cagliari en est la capitale, les autres villes sont : Sassari, Oristagni et Alghéry.

L'État de l'ancienne république de Gênes (la Ligurie des Romains), est un pays montagneux qui s'étend sur la mer en demi-cercle qu'on nomme *la Côte de Gênes*. Outre la ville de ce nom, la Côte de Gênes comprend les villes et territoires de Savone, de Spezzia, de Finale, et la petite principauté de Monaco. Monaco forme un État indépendant. Les autres villes et territoires ci-dessus indiqués appartiennent au roi de Sardaigne, depuis 1815.

L'ancienne république de Gênes a été jadis riche et puissante. Sa marine rivalisa longtemps avec celle de Venise ; plus d'une fois les Génois et les Vénitiens ont lutté les uns contre les autres, et la victoire couronna tour-à-tour l'une des flottes ; car les forces étaient égales et l'habileté la même dans les deux partis.

On sait que Gênes est la patrie de Christophe Colomb, qui eut la gloire de découvrir un monde nouveau, en 1492. Mais le commerce et la puissance maritime de Gênes, de Pise, de Venise, et de quelques autres états d'Italie, reçurent un rude échec de la découverte de l'Amérique ; à partir de cette époque, Venise et Gênes cessèrent de dominer sur les mers, comme elles l'avaient fait jusque là.

Le gouvernement de la république Génoise était aristocratique ; la souveraineté résidait dans le *Grand-Conseil* composé de nobles, qui y étaient admis à l'âge de 22 ans. Le sénat, chargé de l'administration ordinaire des affaires, se composait de douze sénateurs, qui avaient à leur tête le *doge* ou duc, que l'on changeait tous les deux ans. Lorsqu'on adjoignait au sénat le corps appelé *la Chambre*, composé de huit procurateurs biennaux, et des anciens doges qui étaient procurateurs perpétuels, ce corps prenait alors le nom de *Collège*; et lorsqu'il était réuni avec deux cents nobles, âgés de 27 ans au moins, il formait le *Conseil d'État*, qui connaissait de la paix, de la guerre, des alliances, etc., etc.

Gênes se vit plus d'une fois livrée à des factions et à des révolutions. Elle essaya tour-à-tour de la domination de plusieurs maîtres : marquis de Montferrat, ducs de Milan, empereurs d'Allemagne, rois de France, etc. Enfin le célèbre *André Doria*, mécontent de la France, s'étant allié à Charles-Quint, en 1528, chassa les Français de Gênes, sa patrie. Il lui eût été facile de s'en faire déclarer souverain ; mais il aima mieux lui rendre la liberté, et y établit le gouvernement républicain.

Louis XIV ayant eu à se plaindre des Génois, fit bombarder leur ville en 1684 ; le doge fut obligé de venir se présenter devant le grand roi pour obtenir la paix. Comme on lui demandait, en lui montrant les splendeurs de Versailles, ce qui l'étonnait le plus dans ce magnifique palais : « *C'est de m'y voir,* » répondit-il.

En 1746, les Autrichiens s'emparèrent de Gênes, et en furent chassés par le peuple révolté. Ils revinrent en 1747, et ne purent se rendre maîtres de la ville, les Français commandés par le (1) maréchal de Richelieu, et les Espagnols, y ayant jeté du secours. Ajoutons que la crainte d'un joug dont ils avaient commencé à sentir le poids, inspira aux Génois le courage déterminé qu'inspire toujours la défense des foyers ; que 50,000 hommes, soudoyés par les nobles, prirent les armes et forcèrent les Impériaux à se retirer. En 1800, les Français y soutinrent un long siège contre une armée autrichienne ; ils furent contraints de capituler ; mais à peine l'ennemi était-il entré dans Gênes, que la victoire de Marengo l'en chassa. En 1805, Gênes demanda et obtint sa réunion à la France ; elle fit partie de l'empire français jusqu'au congrès de Vienne, qui donna au roi de Sardaigne le territoire de l'ancienne république génoise, érigé en duché, à titre de dédommagement de la longue privation qu'il avait soufferte de tous ceux de ses états situés sur le

(1) En 1846, au jour anniversaire de l'expulsion des Autrichiens par les Génois on vit des feux briller au sommet des Appennins, en commémoration de ce triomphe du patriotisme. De semblables dates sont inscrites en traits ineffaçables dans la mémoire des peuples. Ils savent se souvenir !

continent italien. Un des fils du roi de Sardaigne porte le titre de duc de Gênes.

Le duché de Milan, ou le Milanais, situé à l'est du Piémont, après avoir fait partie du royaume lombard, qui fut détruit par Charlemagne, eut longtemps ses ducs particuliers, et fut le théâtre de guerres presque incessantes entre ces ducs, les Français, les Italiens et les Espagnols. Les rois Louis XII et François Ier, ayant fait valoir des prétentions sur le Milanais, du chef de Valentine de Milan, épouse de Louis d'Orléans, second fils de Charles V, et héritière de sa maison, s'en rendirent maîtres plusieurs fois, mais ne parvinrent pas à le conserver. François Ier, vaincu à Pavie par les troupes de Charles-Quint, commandées par le connétable de Bourbon, qui portait les armes contre sa patrie, ayant été fait prisonnier et emmené à Madrid, fut obligé de stipuler la cession du Milanais au nombre des conditions que le vainqueur lui imposa pour lui rendre la liberté. Charles Quint demeuré possesseur du duché de Milan, le donna à son fils Philippe, depuis roi d'Espagne sous le nom de Philippe II. Les successeurs de ce prince le conservèrent jusqu'en 1706, époque où Eugène de Savoie, généralissime des armées de l'empereur d'Allemagne, et si célèbre sous le nom de *prince Eugène*, s'en empara pour la maison d'Autriche, à laquelle il resta jusqu'à la fin du siècle dernier. Les Français ayant conquis alors la Lombardie et le Mantouan, en formèrent une république, et plus tard un royaume, qui, sous la dénomination de royaume d'Italie, comprenait les provinces que la ci-devant république de Venise possédait en terre ferme, et quelques parties des Etats pontificaux. Milan était la capitale de ce royaume et la résidence du prince Eugène de Beauharnais, vice-roi. Les traités de 1815 rendirent la Lombardie et le duché de Mantoue à l'empereur d'Autriche; on lui donna aussi la Vénétie, et ces divers états réunis formèrent ce qu'on appelle actuellement encore le royaume Lombard-Vénitien.

Les principales villes de la Lombardie sont : Milan, ville importante, très peuplée et très commerçante, capitale du royaume Lombard-Vénitien. Pavie, capitale et résidence des anciens rois lombards. C'est sous les murs de cette ville que François Ier fut vaincu et fait prisonnier en 1525. Quelques années plus tard, un général français, Lautrec, vengea ce désastre; il prit et saccagea Pavie qui, depuis lors, ne s'est pas relevée et a perdu son ancienne importance. Marignan, célèbre par la terrible et longue bataille que les Suisses perdirent en 1515, contre François Ier, qui n'avait alors que 20 ans. Crémone, Côme, Pizzighitone et Lodi. Au nom de cette dernière ville se rattache une victoire mémorable remportée par les Français, en 1796. Nos troupes, commandées par le général Bonaparte, passèrent le pont de Lodi, sous le feu terrible d'une nombreuse armée autrichienne, qui fut mise en déroute complète.

Les principales villes du duché de Mantoue sont : la ville du même nom, et celle de Gonzague. La première est située au milieu d'un lac formé par la rivière du Mincio, et cette position contribue à en faire une très forte place; car on n'y peut entrer que par deux chaussées qui ont chacune un pont-levis. Le Mantouan était jadis un fief de l'empire d'Allemagne. Le dernier duc, qui était de la maison de Gonzague, s'étant déclaré pour la France, en 1700, l'empereur le mit au ban de l'empire. Mantoue, qui avait déjà été prise et pillée par les Autrichiens en 1620, le fut encore en 1701; cette fois, quantité d'objets de prix, qui se trouvaient dans le palais ducal, furent détruits et dévastés. L'empereur d'Allemagne s'empara du duché et le retint pour ne pas en investir la branche cadette de Gonzague, lorsque le duc titulaire mourut à Venise, en 1708, ne laissant pas de postérité.

Les Français s'emparèrent de Mantoue, en 1797, par capitulation, après un long blocus et après avoir vaincu une nombreuse armée autrichienne venue au secours de la place. La population de Mantoue a beaucoup diminué depuis qu'elle appartient à l'Autriche; le nombre de ses habitants n'est pas à moitié aussi considérable qu'il l'était au temps de ses ducs.

L'ancienne république de Venise, à l'est du Milanais, comprenait douze petites provinces, dont nous indiquerons seulement les principales et leurs villes les plus importantes : le Dogado, dont la capitale, Venise, était aussi celle de tout l'Etat; dans le Bergamasc, se trouve la ville de Bergame; dans le Véronais, Vérone, ville ancienne, mal peuplée, mais place de guerre assez forte; dans le Padouan, Padoue, ville grande, mais mal peuplée, qui n'a de célèbre que son université et son couvent de Saint-Antoine; dans le Vicentin, Vicence; dans la Marche-Trévisane, Trévise, qui fut érigée en duché en faveur du maréchal Mortier; dans le Frioul, Udine; (dans le voisinage de cette ville est le village de Campo-Formio, célèbre par le traité signé le 12 octobre 1797, entre la république française et l'empereur d'Allemagne); dans l'Istrie, Capo-d'Istria; dans la Dalmatie, Spalatro; dans la presqu'île de Rovigo, la ville de ce nom et les ruines d'Adria.

Citons seulement pour mémoire les petites provinces de Crémasc et de Bressans, et quelques autres cantons de trop peu d'importance pour entrer dans une division générale, tels que le Feltrin, où l'on trouve Feltre; le Bellunèse, où est Bellune; le-Cadorin et la Morlaquie, petite contrée qui s'étend le long du golfe de Venise.

La République de Venise fut fondée vers le milieu du V° siècle de notre ère, par les Vénètes, habitants des campagnes voisines, lesquels, pour se soustraire aux ravages commis par les débris des troupes d'Attila, roi des Huns, se réfugièrent dans les îles ou lagunes sur lesquelles Venise est bâtie. Cette république, très puissante autrefois par ses flottes et son commerce, possédait les bords de la mer Adriatique qui l'environnent, et plusieurs îles dans cette mer; elle a possédé les îles de Chypre, de Candie et une grande partie de la Morée. Ses rivales en grandeur et en puissance étaient Gènes et Pise. Ces trois républiques perdirent beaucoup de leur importance maritime après la découverte du Nouveau-Monde. L'arsenal de Venise était le plus beau et le mieux fourni de l'Europe; il y avait de quoi armer 100,000 hommes.

Le gouvernement de Venise était aristocratique, et entre les mains de la noblesse, à la tête de laquelle était un doge ou duc. Ce doge était éligible et nommé à vie; mais on avait le droit de le déposer, lorsqu'il devenait incapable de servir l'Etat. Le jour de l'Ascension, le doge faisait en grande pompe, sur un vaisseau nommé le Bucentaure, la cérémonie d'épouser la mer Adriatique, ou golfe de Venise, dont la république s'arrogeait la souveraineté; il y jetait même son anneau, en signe d'alliance.

L'administration de l'Etat résidait entre les mains de trois principaux Conseils : 1° Le Grand-Conseil, composé de tous les nobles Vénitiens qui avaient l'âge de 25 ans, élisait tous les magistrats, et faisait toutes les lois; — 2° Le Conseil des priés, qui était le sénat de Venise, se composait de 120 sénateurs, et décidait de tout ce qui regardait la guerre, la paix, les trèves et les alliances; 3° Le Collège, composé de 26 sénateurs, donnait audience aux ambassadeurs, déférait leur demande au sénat, et en rapportait les réponses.

Le Conseil des dix, composé de dix sénateurs, jugeait les crimes d'Etat : on le renouvelait tous les ans; chaque mois, trois de ces sénateurs étaient à leur tour inquisiteurs d'Etat. Leur pouvoir avait tant d'étendue, qu'ils pouvaient condamner à mort toutes personnes, même le doge, sans en rendre compte au sénat; mais il fallait que leurs trois voix fussent d'accord; autrement l'affaire était déférée au Conseil des dix. Un gouvernement despotique n'aurait pas été plus terrible que cette inquisition. Des gueules de lion placées sur la place St-Marc, recevaient les dépositions de quiconque en voulait faire; les trois inquisiteurs faisaient de ces billets l'usage qu'ils jugeaient convenable.

Le *Conseil spirituel*, qui réglait les affaires religieuses, était le seul où fussent admis les nobles Vénitiens ecclésiastiques; toutes les autres charges leur étaient interdites, pour que la cour de Rome ne pût jamais pénétrer dans les secrets de l'État.

En 1797, les armées françaises s'emparèrent de Venise et de toutes ses provinces de terre-ferme. Par le traité de Campo-Formio, conclu la même année entre la France et l'Empereur d'Allemagne, elle fut cédée à ce monarque avec les provinces situées au-delà du golfe. Le traité de Presbourg, de 1805, fit rentrer Venise avec ces mêmes provinces sous la domination française. Réunie au royaume d'Italie, Venise fut érigée en principauté, en faveur du prince Eugène Beauharnais, vice-roi d'Italie. Quant aux provinces au-delà du golfe, comme la Dalmatie, l'Istrie, etc., etc., et les îles, elles furent soumises à un gouvernement particulier, qui, en 1809, embrassa les provinces Illyriennes de la maison d'Autriche, cédées à la France par le traité de Vienne. Enfin, en 1814, elle rentra sous la domination de l'Autriche, qui en fit la seconde capitale du royaume Lombard-Vénitien.

L'État qui comprend les duchés de Parme, de Plaisance et de Guastalla, étant tombé au pouvoir du Saint-Siége, après diverses révolutions, le pape Paul III, de la maison de Farnèse, en investit Louis Farnèse, en 1345, sous la condition d'une redevance de 10,000 écus. Les descendants de Louis Farnèse le possédèrent jusqu'en 1738. A cette époque, Elisabeth Farnèse, reine d'Espagne, le céda à l'empereur d'Allemagne, afin de conserver le royaume de Naples à son fils don Carlos.

En 1748, lors de la paix d'Aix-la-Chapelle, l'impératrice-reine, Marie-Thérèse, rendit ces duchés à don Philippe, second fils d'Elisabeth. Ils furent donnés comme apanage, en 1814, à Marie-Louise, femme de Napoléon Ier et fille de l'empereur d'Autriche, François Ier. Pour indemniser l'infante d'Espagne Marie-Louise, ci-devant reine d'Etrurie, on lui céda la ville et le territoire de l'ancienne république de Lucques. Les duchés de Parme, Plaisance et Guastalla sont encore aujourd'hui possédés par les archiducs d'Autriche, et par conséquent sous la domination du cabinet de Vienne.

Il en est de même du Modénois, qui comprend les duchés de Modène, de Reggio et de la Mirandole. Cet Etat dépendait jadis de l'empire d'Allemagne, et devait à l'empereur un tribut annuel de 4,000 écus. Bien qu'il ait un souverain particulier, on peut le considérer comme étant réellement un pays soumis à l'Autriche, par suite des traités existants entre la cour de Vienne et le duc de Modène; traités dont nous aurons à parler tout à l'heure plus explicitement.

L'Etat de l'Eglise, à l'est et au nord de la Toscane, est ainsi nommé parce qu'il a pour souverain temporel le pape, chef spirituel du catholicisme. Les premières possessions des papes furent les territoires donnés à l'Eglise par Pepin et Charlemagne, provenant des conquêtes faites par ces princes sur les rois lombards. Charles-le-Chauve, petit-fils de Charlemagne, concéda au pape les droits de souveraineté que sa qualité d'empereur lui donnait sur Rome.

Au moyen-âge, des discussions survinrent et durèrent plusieurs siècles entre les empereurs d'Allemagne et les papes, ceux-ci voulant résister aux tendances usurpatrices de ceux-là. De ces querelles naquirent deux partis rivaux : les *Guelfes*, partisans du pape, et les *Gibelins*, partisans de l'empereur. Tour à tour victorieux ou vaincus, chacune de ces factions persécuta l'autre, et leurs luttes acharnées déchirèrent souvent l'Italie.

L'Etat de l'Eglise s'étend le long du golfe Adriatique, au sud de l'Etat de Venise et au nord de la Toscane, et sur la mer de la Toscane, au sud-est de ce pays. Quoiqu'il soit d'une étendue assez considérable, il n'a pas l'importance qu'il devrait avoir.

L'autorité souveraine appartient au pape, qui est élu par les cardinaux, dont le nombre est de soixante-dix. Cette élection se fait dans un lieu qui reçoit le nom de *conclave*. C'est d'ordinaire le palais de Saint-Pierre de Rome, dit le *Vatican*. Pour être élevé à la dignité pontificale, il faut réunir les deux tiers des voix des cardinaux présents au conclave; mais il suffit d'un tiers des voix pour donner l'exclusion à un candidat proposé. Les provinces les plus voisines de Rome sont gouvernées par le pape; les autres par des légats ou vices-légats ; de là, le nom de *légations*, donné à ces provinces. Pendant la vacance du Saint-Siége, l'Etat est administré par les trois chefs du Sacré-Collége, qui sont : le doyen, ou premier cardinal-évêque; le premier cardinal-prêtre, et le premier cardinal-diacre.

Les Etats de l'Eglise comprennent douze provinces, savoir: *La Campagne de Rome*, villes principales : Rome, Tivoli, Ostie; *le Patrimoine de Saint-Pierre*: Viterbe, Civita-Vecchia; *le Pérousin* : Pérouse; *la marche d'Ancône* : Ancône, Lorette; *le Bolonais* : Bologne; *le Ferrarais* : Ferrare, Comachio; *la Romagne* : Rimini, Ravenne; *le duché d'Urbin* : Urbin.

A peu de distance d'Urbin, se trouve la ville de Saint-Marin, qui, avec une douzaine de villages, constitue une petite république appelée république de Saint-Marin. Cet Etat microscopique est sous la protection du pape, gouverné par deux magistrats ou capitaines changés deux fois l'an, et par un conseil de citoyens, moitié nobles, moitié plébéiens. Bologne est, après

Rome, la plus importante de ces villes. Ferrare est une grande ville, très forte, mais très mal peuplée. Elle appartenait jadis à la maison d'Est; le Saint-Siége s'en est emparé. Ravenne, ville très ancienne, était autrefois le meilleur port des Romains sur l'Adriatique. Mais, placée sous plusieurs bouches du Pô, comme Aigues-Mortes sous celles du Rhône, les attérissements continuels l'ont mise à une grande lieue de la mer. De là son peu de commerce et sa dépopulation. Ancône et Civita-Vecchia sont les deux ports les plus importants des Etats de l'Eglise. La position d'Ancône surtout est avantageuse.

Nous ne dirons que peu de chose de Rome. Le seul nom de cette ancienne maîtresse du monde éveille, à lui seul, de puissants souvenirs. Dans la décadence de l'empire romain, elle fut prise, pillée et brûlée plusieurs fois par les Barbares; beaucoup de ses monuments furent détruits ou mutilés; mais, quoique déchue de sa splendeur passée, Rome est encore une des plus grandes et plus belles villes de l'Europe. Aucune n'est plus riche en monuments remarquables; les uns appartenant à la Rome des Césars, les autres à la Rome papale. Dans son enceinte si vaste, et qui paraît dépeuplée, les majestueux débris de l'antiquité se trouvent réunis à ces édifices religieux du moyen-âge et de la renaissance, où la pensée chrétienne est empreinte; et il y a quelque chose de grand et de triste à la fois dans l'aspect de cette cité immense, dont une partie est vide et dépourvue d'habitants.

La campagne de Rome est depuis longtemps déserte et presque inculte. A peu de distance de la ville, on trouve ces *marais Pontins* dont les exhalaisons ont une si pernicieuse influence sur la santé des habitants; de ces miasmes délétères naissent des fièvres dangereuses et souvent mortelles. Chaque année, pendant l'été surtout, cette épidémie connue sous le nom de *malaria* (mauvais air) vient renouveler ses ravages. On n'a pas encore pu réussir à dessécher les *marais Pontins*, malgré les tentatives fréquentes qui ont été faites plusieurs fois dans ce but, notamment par le gouvernement français, à l'époque où cette ville faisait partie du vaste empire de Napoléon Ier.

Sans vouloir rappeler ici toutes les révolutions de la Rome papale, nous mentionnerons seulement les faits qui se rapportent à l'histoire de ces derniers temps. En 1797, l'armée française s'empara d'une partie des états pontificaux. Rome devint la capitale de la République Cisalpine, et Pie VI mourut captif à Valence. Le traité de Tolentino rendit à son successeur quelques unes de ses provinces qui lui avaient été enlevées. Lorsque la bataille de Marengo eut rendu les Français maîtres de l'Italie, pour la seconde fois, la république Cisalpine fut recons-

(2e Livraison.)

tituée ; mais Milan en devint la capitale, et Rome fut rendue au pape Pie VII.

Plus tard, en 1810, des contestations étant survenues entre le gouvernement papal et la France, les états romains, y compris la ville de Rome, furent réunis à la France ; on en forma un gouvernement général, divisé en plusieurs départements. Le fils de Napoléon Ier fut, comme on le sait, salué à sa naissance du titre de *roi de Rome*. Les événements de 1814 remirent Pie VII en possession de ses états. En 1848, une révolution chassa de sa capitale le pape Pie IX. Les armées françaises l'ont rétabli sur son trône. En ce moment encore, un corps français commandé par le général Goyon occupe Rome, et y maintient l'ordre. Il avait été proposé dernièrement, que les Autrichiens et les Français s'éloignassent de Rome les uns et les autres ; mais cette mesure aurait pu avoir des résultats funestes ; d'ailleurs, cette proposition ne pouvait être prise en considération qu'en même temps que les autres qui ont été refusées par le gouvernement autrichien.

Le grand duché de Toscane, situé entre l'Etat de Ferrare et la mer de Toscane, comprend le Florentin, le Pisan et le Siennois, qui étaient jadis trois républiques. Au moyen-âge, la ville de Pise formait un Etat puissant ; elle ne comptait pas moins de 150,000 habitants à l'époque de sa splendeur. La perte de son importance a suivi celle de sa liberté. Florence, au temps où elle était république, fut souvent livrée à des factions et à des révolutions. Vers le milieu du XVe siècle, la famille des Médicis, l'une des premières de Florence, s'éleva au dessus de toutes les autres, grâce au mérite et à l'habileté de son chef, Côme de Médicis, qui, par la protection libérale qu'il accordait aux lettres aux sciences et aux arts, parvint à acquérir dans sa patrie la plus grande popularité. Son fils Laurent suivit ses traces, il mérita le nom de Restaurateur des lettres. Les troubles et les dissensions qui renaissaient constamment à Florence, permirent aux Médicis de grossir le parti qu'ils s'étaient créé, et de se frayer pas à pas le chemin du pouvoir. Enfin, en 1531, Alexandre de Médicis, appuyé par l'empereur Charles-Quint, se fit nommer duc de Florence. Côme, son successeur reçut, en 1569, du pape Pie V le titre de *grand-duc*. Les territoires des républiques de Pise et de Siennes furent réunis, en divers temps à celui de Florence, pour former tous ensemble le grand-duché de Toscane. Ce fut en 1558 que Philippe II, roi d'Espagne, céda au duc de Florence le territoire de la république de Sienne, et la ville de ce nom ; il se réserva la petite principauté de Piombino, qui fait aujourd'hui partie des Etats de Toscane.

Le dernier grand-duc de Toscane, Jean Gaston, étant mort

sans postérité, en 1737, ses Etats passèrent entre les mains de François de Lorraine, époux de l'impératrice Marie-Thérèse ; et ce, en vertu de la cession qui lui en fut faite par Elisabeth Farnèse, reine douairière d'Espagne, héritière de ce duché. Au commencement de ce siècle, les conquêtes des armées françaises s'étant étendues sur toute l'Italie, le grand duché de Toscane, enlevé aux archiducs d'Autriche, passa à un infant d'Espagne, et fut érigé en royaume, en faveur de ce dernier, sous le nom de royaume d'Etrurie. A titre de dédommagement, l'archiduc dépossédé obtint le territoire de l'évêché de Salzbourg, en Allemagne, avec quelques autres pays. Puis, le roi d'Etrurie étant mort, laissant un fils en bas âge, la Toscane fut réunie à l'empire français, divisée en départements, et devint comme le Piémont, un gouvernement général. En 1814, le grand duc de Toscane qui avait été dépossédé, reprit possession de ses Etats.

La Toscane se compose de trois provinces, savoir : *Le Florentin* ; villes principales : Florence, Arezzo et Pistoie. *Le Pisan* ; villes principales : Pise, Livourne. *Le Siennois* : Sienne. La principauté de *Piombino* n'a d'autre ville que celle du même nom. L'île d'Elbe qui, comme nous l'avons dit, appartient au grand duc de Toscane, renferme les deux villes de Porto-Longone et de Porto-Ferrajo. On sait qu'en 1814 la souveraineté de cette petite île avait été donnée à ce conquérant qui pendant vingt années fut le dominateur de l'Europe. Napoléon habita dix mois la ville de Porto-Ferrajo ; il en partit au mois de mars 1815. Son débarquement, son retour en France et cette courte période de règne, que l'on nomme les *cent-jours*, sont des faits presque miraculeux, et qui feront à jamais l'admiration de la postérité.

Florence est une ville assez importante, et où l'on trouve de très beaux monuments. Pise est une ville déchue ; son étendue est assez considérable, mais elle ne compte qu'une population très minime ; dans la plupart des rues l'herbe croît en liberté. On ne s'en étonnera pas si l'on réfléchit qu'au lieu de 150,000 habitants que renfermait cette ville, au temps de son indépendance, Pise n'en contient aujourd'hui qu'environ 20,000. Livourne est commerçante ; c'est l'entrepôt des marchandises d'Italie et des Echelles du Levant, à cause de la franchise de son port. Sienne, ville très ancienne et assez belle, est mal peuplée.

L'Etat de Lucques, presque enclavé dans la Toscane, était jadis une république, sous la protection de l'empire d'Allemagne. Son gouvernement, basé sur l'aristocratie, résidait dans un conseil de 120 nobles ; ce conseil avait pour chef un magistrat appelé *gonfalonier*, choisi parmi les nobles, et dont les fonctions ne duraient que deux mois. A la même période de temps se bornaient les fonctions des conseillers qui étaient adjoints au gonfalonier pour la gestion des affaires, avec la participation du conseil. La ville de Lucques, d'une grandeur médiocre, est assez peuplée. Ses fabriques d'étoffes de soie ont eu jadis une grande réputation.

Nous avons dit que la principauté de Lucques avait été cédée, en 1817 par l'empereur d'Autriche, à l'infante d'Espagne, Marie-Louise, ci-devant reine d'Etrurie, à titre d'indemnité des duchés de Parme, Plaisance et Guastalla, qui furent donnés pour apanage à l'impératrice Marie-Louise, archiduchesse d'Autriche, et fille de François Ier.

Le royaume de Naples, qui comprend aussi la Sicile, est un pays charmant par sa beauté, la pureté de son air et sa prodigieuse fertilité. Après avoir appartenu aux Romains, aux Grecs et aux Sarrasins, il fut conquis au XIe siècle par des gentilshommes normands, dont le chef se nommait Robert Guiscard; la Sicile fut également conquise par ces hardis aventuriers. Les premiers chefs de ces conquérants se contentèrent du titre de ducs de Calabre et de ducs de Sicile; mais, vers le milieu du XIIe siècle, Roger II prit le titre de roi. La maison allemande de Souabe gouverna ensuite la Sicile; puis, le dernier Souabe, nommé Conradin, fut mis à mort par l'ordre de Charles d'Anjou, prince français et frère de Louis IX, auquel le pape avait donné l'investiture de ce royaume. Jean de Procida, noble sicilien, qui avait été banni par Charles d'Anjou, résolut d'affranchir son pays du joug des Français. Il sollicita et obtint l'appui du roi d'Aragon; ce fut alors qu'il organisa, à l'aide des amis qu'il avait en Sicile, une vaste conspiration, qui éclata à Palerme le lendemain de Pâques de l'année 1282, au premier coup des vêpres. Tous les Français furent massacrés. Cet événement mémorable est connu sous le nom de *Vêpres siciliennes*. Les Aragonais s'emparèrent alors de la Sicile. Plus tard, en 1495, Charles VIII, roi de France, conquit le royaume de Naples en quinze jours, et le perdit presque en aussi peu de temps. Louis XII, son successeur, le conquit de nouveau, conjointement avec Ferdinand, roi d'Aragon, sur la branche de la maison d'Aragon, qui y régnait. Une dispute au sujet des limites devint ensuite le prétexte d'une guerre pendant laquelle les Espagnols réussirent à s'emparer de cet Etat.

Ainsi le royaume de Naples faisait partie des immenses possessions de l'empereur Charles-Quint. Ce fut au vice-roi de Naples que François Ier rendit son épée à la bataille de Pavie, préférant, avec raison, la remettre à un général espagnol, qu'au connétable de Bourbon, ce traître qu'un désir de vengeance avait poussé à s'armer contre son pays.

La Sicile et Naples restèrent sous la domination de l'Espagne jusqu'en 1707. A cette époque, l'empereur d'Allemagne s'en empara ; mais il ne les garda pas longtemps. En 1734, les Espagnols les reprirent et y couronnèrent don Carlos, sous le nom de Charles III. Pour conserver la couronne de Naples à son fils, Elisabeth Farnèse, reine d'Espagne, héritière des duchés de Parme, Plaisance et Guastalla, céda ces Etats à l'empereur d'Allemagne, en 1738. Depuis lors, la famille des Bourbons a continué de régner sur Naples et la Sicile ; cette branche de la maison de Bourbon est désignée sous le nom de *Bourbons de Naples*.

En 1796, les troupes françaises, marchant de victoire en victoire, s'emparèrent de Naples ; mais ils ne s'y maintinrent que peu de temps. Pendant que le général Bonaparte faisait sa mémorable campagne d'Egypte, les Russes, sous les ordres de Souvarow, réunis aux Autrichiens, réussirent à chasser les Français de presque toutes les villes qu'ils avaient conquises en Italie. Vaincus à Zurich par le général Masséna, les Russes furent obligés de se retirer. Cette bataille de Zurich, qui dura deux jours, anéantit presque complètement l'armée de Souvarow. Bientôt après, le général Bonaparte revenait d'Egypte, renversait le gouvernement du directoire, était nommé premier consul de la république, et donnait une nouvelle face aux affaires. La bataille de Marengo rouvrait l'Italie à nos armées victorieuses. Cependant, le roi de Naples parvint alors à conjurer l'orage, en concluant avec la France un traité de neutralité. Mais comme il n'observa pas scrupuleusement les obligations que le traité lui imposait, Naples et les provinces de ce royaume furent de nouveau conquises par les troupes françaises, en 1805. Le roi Ferdinand se vit obligé de se retirer en Sicile avec sa famille ; il put conserver la possession de cette ile, grâce au secours que lui prêtaient les Anglais. Joseph Bonaparte fut appelé à régner à Naples ; puis, en 1808, il quitta Naples pour monter sur le trône d'Espagne, enlevé à la maison de Bourbon. Joachim Murat, qui était alors grand-duc de Berg, époux de Caroline Bonaparte, une des sœurs de Napoléon, remplaça le roi Joseph à Naples. Murat, ce prince si brave sur les champs de bataille, qu'on le surnommait l'*Achille français*, commit une faute en 1814. Il abandonna Napoléon, espérant que les souverains coalisés lui laisseraient son royaume pour prix de cette défection. Ce fut une erreur ; les alliés voulurent rétablir Ferdinand. Vainement Murat essaya-t-il de combattre pour sa couronne ; il fut vaincu, et obligé de s'enfuir. Quelque temps après, il risqua un coup désespéré; il essaya de faire soulever pour lui les soldats et la population de la Calabre. Cette tentative n'avait pas de chance de succès; elle échoua complètement. Joachim Murat, fait prisonnier les armes à la main, fut jugé par une commission militaire et fusillé sur la plage de Pizzo. Sa mort fut celle d'un brave.

Depuis 1815, la maison de Bourbon a repris possession de Naples et règne sur ce pays, ainsi que sur la Sicile; on donne à ces Etats réunis le nom de royaume des Deux-Siciles. Une révolution, qui éclata dans le royaume de Naples en 1820, jeta l'alarme parmi les monarques de l'Europe; l'Autriche surtout, intéressée au plus haut point dans la question, provoqua les autres puissances à réprimer l'insurrection napolitaine. Un congrès se réunit à Troppau, puis à Laybach, en 1821; on y décida l'intervention à main armée dans les affaires du royaume des Deux-Siciles. Mais la Prusse, la France et la Russie ne prirent pas les armes. Seules l'Angleterre et l'Autriche intervinrent de fait, et étouffèrent la révolution. Plus tard, en 1847 et 1848, sous le règne du roi Ferdinand, qui vient de mourir, une insurrection terrible eut lieu à Palerme et à Messine. Les Palermitains, après d'héroïques efforts, avaient chassé les troupes royales. Messine fut bombardée à plusieurs reprises; les insurgés succombèrent enfin. Un traité existe entre l'Autriche et le roi de Naples; il interdit à ce dernier de faire aucune concession de réformes, d'apporter aucun changement au système de gouvernement qu'il maintient avec obstination et sans égard aux besoins de son époque. Nous reviendrons plus loin sur ce sujet.

Le royaume de Naples se divise en quatre grandes provinces : La Terre de Labour, l'Abruzze, la Pouille et la Calabre. Dans la Terre de Labour, se trouvent : Naples, Capoue, Gaëte, Salerne, Bénévent, etc., etc. Dans l'Abruzze : Civita-di-Chieri, Aquila, Molise, Lonciano. Dans la Pouille ou l'Apouille : Tarente, Brindes, Otrante, Bari, Trani, Lucera, Manfredonia. Dans la Calabre : Cirenza, Cosenza, Rossano, Reggio, etc., etc.

Naples est une des premières villes de l'Europe, par sa grandeur, sa population et sa beauté ; on y voit quantité de beaux monuments. L'ancien port, si grand et si sûr au temps des Romains, s'est tellement comblé qu'on a bâti de solides maisons sur l'emplacement même où jadis les vaisseaux jetaient l'ancre. Le nouveau port, formé par le môle, commence aussi à se remplir de sable. Il y a trois châteaux forts : celui dit de *Saint-Elme*, situé sur une petite montagne et qui commande la ville et la mer ; le château de *l'OEuf*, dont le nom est dérivé de la figure ovale de l'île sur laquelle il est construit ; et le *Château-*

Neuf, qui n'est séparé du palais du roi que par un fossé, par dessous lequel il y a une galerie de communication. La ville est admirablement située au fond d'un beau golfe, sur le penchant d'une colline. Vis-à-vis de Naples, se trouve la petite île de Caprée, célèbre par la retraite et les débauches de l'empereur Tibère. Le mont Vésuve est pour Naples un mauvais voisin. C'est au pied de cette redoutable montagne que l'on a découvert, en 1713, l'ancienne ville d'Herculanum, dont les restes ornent le palais de Portici, construit au dessus. Herculanum et Pompeï, ou Pompéia, villes jadis considérables, situées à peu de distance l'une de l'autre, furent abîmées par un tremblement de terre, l'an 63 de l'ère chrétienne. Les fouilles que l'on a faites dans les débris de ces deux villes ont procuré un grand nombre de monuments anciens plus ou moins curieux. Les tremblements de terre sont très fréquents dans ce pays. Bénévent, au XVIIᵉ siècle, et Messine, au XVIIIᵒ, ont failli éprouver le sort d'Herculanum et de Pompéia. De même que dans toutes les grandes capitales, on voit à Naples l'excessive misère à côté de l'opulence. On peut même dire que dans aucune ville d'Europe, l'indigence ne se montre sous un aspect aussi hideux et aussi effrontément que les *lazzaroni* véritable lèpre sociale, que le gouvernement semble tolérer ; car il lui serait facile d'en diminuer au moins le nombre prodigieux. Il est vrai que ces misérables sont devenus parfois les séides du roi de Naples, et notamment dans les dernières révolutions. La paresse qu'ils poussent à l'excès, est le moindre de leurs vices, et pour quelque argent qu'on leur jette, on les trouve prêts à piller, à brûler, à assassiner ; en un mot, à tout faire, excepté peut-être le bien !

Malheureux les gouvernements qui, comme celui du roi de Naples, ont besoin de recourir à de pareils moyens pour se soutenir ! Ils portent en eux un principe de destruction ; et il est bien reconnu d'ailleurs que, sans l'appui de l'Autriche, ce monarque aurait été renversé depuis longtemps par ses sujets. Ferdinand, *le Bombardeur*, tel est le nom qui a été donné au dernier roi par les Siciliens, et ce nom est justifié.

La ville de Bénévent a été une principauté. Le fameux Talleyrand-Périgord, ministre des affaires étrangères en France, a porté le titre de prince de Bénévent.

Salernes a eu une fameuse école de médecine, entièrement tombée de nos jours.

Palerme, capitale de la Sicile, est une grande ville bien bâtie.

Messine a été autrefois la principale ville de la Sicile ; elle a beaucoup souffert de la peste de 1743 ; son port est l'un des méilleurs de la Méditerranée. Au milieu du siècle dernier, elle fut presque détruite par une éruption du Vésuve.

Catane est au pied de l'Etna.

Syracuse, si célèbre jadis, est aujourd'hui peu considérable ; elle a été ruinée par le temps, par les guerres et les tremblements de terre.

Nous avons cru devoir faire précéder de cet aperçu sur les Etats d'Italie, les événements qui ont amené la guerre actuelle ; afin de bien faire connaître l'histoire de chacun de ces Etats qui, séparés aujourd'hui, tendent à se réunir dans une même nationalité.

CHAPITRE Ier.

SOMMAIRE. — Ancienneté de la question italienne. — Projet de Henri IV et de Richelieu. — Etat de la question sous Louis XV. — Pensée de Napoléon Ier sur la nationalité italienne. — Ses projets sur l'Italie.

La question italienne, dont la solution est maintenant soumise à la guerre, cette dernière raison des rois et des peuples : *Ultima ratio regum populorumque*, n'est pas une question neuve, et née dans ces temps derniers. Elle ne date pas non plus des années 1847 et 1848, où cependant on la vit jouer un certain rôle, et devenir à la tribune parlementaire l'objet d'une discussion très vive, à laquelle prirent part MM. Guizot, Thiers et Montalembert, tant à la chambre des pairs qu'à la chambre des députés. Voici ce que disait M. Guizot, alors ministre des affaires étrangères, dans la séance de la chambre des pairs, du 3 août 1847 :

« Il faut, pour la satisfaction des divers intérêts de la France
» en Italie, intérêts de commerce, de voisinage, etc., etc., d'a-
» bord la paix intérieure de ce pays ; puis, la sécurité et l'indé-
» pendance des gouvernements italiens, c'est-à-dire qu'il faut que
» ces gouvernements ne soient ni dominés, ni exploités par au-
» cune autre puissance ; qu'ils appartiennent à eux-mêmes, et
» qu'ils gouvernent paisiblement leurs peuples. »

Mais cette nécessité de soustraire les petits Etats de l'Italie à une influence étrangère dominatrice, avait été reconnue depuis plusieurs siècles, et les véritables ancêtres de la question italienne dans la politique française, sont Henri IV et Richelieu.

Que voulait Henri IV, roi de France? Il voulait d'abord que l'Autriche n'étendît point en Italie sa domination matérielle ou sa domination morale, de façon à peser sur notre frontière des Alpes. Souverain d'une nation catholique, il voulait garantir l'indépendance du Saint Siége, et le mettre aussi bien à l'abri des attaques de ses adversaires que de la protection onéreuse et intéressée de ses amis. Chef du peuple qui fut toujours le peuple civilisateur par excellence, il voulait organiser les divers Etats de la Péninsule de telle sorte qu'ils n'eussent rien à craindre, ni des révolutions intérieures, ni des invasions étrangères. C'était là un projet aussi grand que sage.

Le célèbre Sully dit, dans ses *Economies royales*, que les duchés de Florence, de Mantoue, de Parme et Plaisance, de Modène et Reggio, ainsi que les autres Etats, devaient être appelés à former une *confédération nationale* ; afin, dit-il, que tous ces Etats et princes, étant associés ensemble en communauté d'intérêts pour le maintien des droits et propriétés les uns des autres, ils devinssent plus considérables, sans que, pour cela, il fût rien changé en leurs possessions accoutumées, non plus qu'aux lois, coutumes et droits des souverains et des peuples, en ce qui concernait l'administration particulière de chacun des Etats.

La mort funeste et inopinée de Henri IV anéantit en même temps les espérances de l'Italie et les grandes pensées dont la réalisation eût épargné sans doute à l'Europe les désastres de la *guerre de trente ans*.

Le cardinal de Richelieu, dont les vues étaient si profondes et le génie si entreprenant, reprit, en sous-œuvre, la politique de Henri IV; il proposa aux princes italiens une alliance fédérative, dont le but aurait été l'indépendance de la nationalité italienne. En 1635, il signa, pour la conquête du Milanais sur les Austro-Espagnols, une ligue à laquelle devaient adhérer Mantoue, Parme et Modène, et qui fut approuvée par le pape Urbain VIII. Ce traité, qui existe encore, est l'expression d'une politique à laquelle, même de nos jours, toutes les sympathies pourraient se rallier. On sait que le célèbre ministre de Louis XIII chercha, par tous les moyens possibles, à abaisser l'orgueil de la maison d'Autriche, si puissante à cette époque, et qu'il y réussit parfaitement; secondé, il est vrai, par les victoires de Gustave-Adolphe, roi de Suède, qui mourut à trente-trois ans sur le champ de bataille de Lutzen où il triompha de Walstein.

Après Richelieu, la question italienne dormit un siècle, oubliée, mais non étouffée par les grands événements qui s'accom-

plirent sous le règne de Louis XIV; on la vit se réveiller sous le règne de Louis XV. C'est une gloire pour l'un des ministres de ce prince, le marquis d'Argenson, d'avoir entrevu, dès le milieu du XVIII° siècle, comment pouvait être résolue cette question italienne qui, par la force des choses, devient toujours une question européenne. « Je ne pense pas, dit le marquis d'Ar-
» genson dans ses *Mémoires*, qu'il se fût traité depuis bien
» longtemps en Europe une plus importante affaire que celle
» par laquelle finit l'année 1745, et commença l'année 1746.
» Il fut question de former une république ou *association per-*
» *pétuelle* des puissances *italiques*, comme il y en a une ger-
» manique, une batavique, une helvétique. »

Déjà, au début de la guerre de 1733, M. de Chauvelin, am-bassadeur de France à Turin, avait proposé de reprendre les an-ciens projets de la France touchant l'affranchissement de l'Ita-lie. « Deux choses, dit M. d'Argenson, s'opposèrent à la réus-
» site du plan projeté : d'une part, les extravagances et la mau-
» vaise foi de la reine d'Espagne ; d'autre part, la faiblesse et
» les incertitudes du cardinal de Fleury. » C'est ce même pro-jet que M. d'Argenson voulut faire revivre, lorsqu'il fut minis-tre, et peu s'en fallut que l'on n'arrivât à un succès.

Les documents que nous venons de citer ont une haute im-portance, car ils prouvent à quel point tout se tient et s'en-chaîne dans la politique dont s'inspirèrent en France Henri IV, Richelieu, aux siècles passés; que suit aujourd'hui Napoléon III; et qui, d'autre part, a eu et a encore pour elle les plus illustres souverains de Piémont et de Savoie, ainsi que les hommes d'E-tat les plus remarquables : M. de Maistre et M. de Cavour.

Napoléon I⁰ʳ, pendant les tristes loisirs de sa captivité à Sainte-Hélène, faisant un retour sur le passé, expliquait aux fi-dèles courtisans de l'exil et du malheur, les motifs qui avaient déterminé ses résolutions les plus importantes, et leur déve-loppait ses vues sur le présent et l'avenir, en formulant la pen-sée nette et entière sur les peuples qu'il avait gouvernés, comme sur ceux qu'il avait combattus. Voici quelle opinion il a émise au sujet de l'Italie :

« Isolée dans ses limites naturelles, séparée du reste de l'Eu-rope par la mer et par de très hautes montagnes, l'Italie sem-ble être appelée à former une grande et puissante nation. L'u-nité de mœurs, de langage, de littérature, doit, dans un avenir plus ou moins éloigné, réunir enfin ses habitants sous un seul gouvernement. Pour exister, la première condition de cette monarchie sera d'être une puissance maritime, afin de main-tenir la suprématie sur les îles et défendre ses côtes... Rome est sans contredit la capitale que les Italiens choisiront un jour.

» Par sa population et par sa richesse, l'Italie peut entretenir 400,000 hommes de toutes armes, indépendamment de sa marine. Aucune partie de l'Europe n'est située plus avantageusement que cette péninsule pour devenir une grande puissance maritime. En y comprenant ses îles, tant grandes que petites, l'Italie a douze cents lieues de côtes, c'est-à-dire un tiers plus que l'Espagne et moitié plus que la France. Si la France a plusieurs ports dont les villes ont plus de 100,000 âmes, l'Italie a Naples, Gênes, Venise et Palerme, qui contiennent une population plus considérable. La population de Naples est de plus de 400,000 habitants.

» Les côtes opposées de la Méditerranée et de l'Adriatique étant peu éloignées l'une de l'autre, presque toute la population de l'Italie est à portée des côtes. Lucques, Ravenne, Rome, Pise, éloignées de la mer de trois ou quatre lieues, sont susceptibles de jouir de tous les avantages que peuvent posséder des villes maritimes, en même temps qu'elles peuvent fournir de nombreux matelots. Les trois grands ports militaires d'armement et de construction sont : la Spezia, pour les mers liguriennes ; Tarente, pour les mers d'Ionie, et Venise, pour l'Adriatique.

L'Italie a toutes les ressources en bois, chanvre, et généralement en tout ce qui est nécessaire aux constructions navales. La Spezia est le plus beau port de l'univers. Tarente est merveilleusement située pour dominer la Sicile, la Grèce, le Levant, les côtes d'Egypte et de Syrie. A Venise, tout ce qui est nécessaire existe déjà. Les ports de Gênes, de Bari, de Castellamare, d'Ancône, où peuvent entrer des vaisseaux de premier rang, seraient quatre ports secondaires, soit afin de construire, soit afin d'armer, réparer ou ravitailler de petites escadres. L'Italie peut lever ou avoir pour le service de sa marine, même en supposant un moment de décadence, cent vingt mille matelots; on sait quelle célébrité avaient acquise et ont conservée pendant plusieurs siècles, les marins gênois, pisans, vénitiens. L'Italie pourrait entretenir trois ou quatre cents bâtiments de guerre, dont cent à cent vingt vaisseaux de ligne. Son pavillon pourrait lutter avec avantage contre ceux de France, d'Espagne, de Constantinople, et des puissances barbaresques. »

A ces appréciations faites par le plus grand génie connu, on peut ajouter que l'Italie, même en ne l'admettant pas réunie sous un seul sceptre, mais simplement fédérée en deux grands états, l'un au nord, l'autre au midi, pourrait mettre sur pied une armée de 400,000 hommes environ.

Et si ces forces de terre et de mer se trouvaient réunies à celles de la France, à qui tous les intérêts commerciaux et politiques de la Péninsule sont communs; de la France, qui n'a pas un seul intérêt contraire à ceux de l'Italie; les deux nations latines, la mère et la fille, ne seraient-elles pas les maîtresses en commun de l'Europe et de tout le globe? C'est à cette crainte peut-être, à l'appréhension de ce magnifique avenir, que l'on doit attribuer les efforts tentés par l'Angleterre pour empêcher une intervention française libératrice, pour éloigner un affranchissement qui porterait si haut les peuples italiens. Sans doute que, comme Napoléon, elle a compris et jugé ce que pourrait accomplir l'Italie libre, et qu'elle se voit avec terreur reléguée au second rang, le jour où ses prévisions et ses appréhensions deviendraient la réalité.

Ceux qui ont blâmé Napoléon Ier de n'avoir point constitué l'Italie pendant qu'elle était dans sa main, et qui ont prétendu qu'il ne songeait nullement à la nationalité italienne, ont eu tort et sont très mal renseignés. Voici ce que disait lui-même, à ce sujet, le prisonnier de Sainte-Hélène :

« Napoléon voulait recréer la patrie italienne; réunir les Vénitiens, les Génois, les Milanais, les Piémontais, les Toscans, les Romains, les Napolitains, les Siciliens, les Sardes, en une seule nation indépendante, formée par les Alpes, les mers Adriatique, d'Ionie et Méditerranée; *C'était le trophée immortel qu'il élevait à sa gloire.* Ce grand et puissant royaume aurait contenu sur terre la maison d'Autriche; sur mer, ses flottes, réunies à celles de la France, auraient dominé la Méditerranée et protégé *l'ancienne route du commerce des Indes par la mer Rouge et Suez.* La capitale de cet Etat eût été Rome, la ville éternelle, couverte par les trois barrières des Alpes, du Pô et des Apennins, et plus à portée que toute autre ville des trois grandes îles de l'Italie.

Mais pour arriver à ce résultat, il fallait surmonter bien des obstacles. Napoléon avait dit à la *Consulta cisalpina,* assemblée à Lyon : « *Il me faut vingt ans pour rétablir la nation italienne.* » Trois choses s'opposaient à la réalisation de ce grand dessein : 1° les possessions qu'avaient les puissances étrangères; — 2° l'esprit des localités; — 3° le séjour des papes à Rome. Dix ans à peine s'étaient écoulés depuis la Consulte de Lyon, que déjà le premier de ces obstacles était entièrement levé : aucune puissance étrangère ne possédait plus rien en Italie; elle était tout entière sous l'influence immédiate de l'empereur Napoléon.

La destruction de la république de Venise, du royaume de Sardaigne, du grand-duché de Toscane, la réunion à l'empire du patrimoine de Saint-Pierre, avaient fait disparaître le second obstacle. De même que ces fondeurs qui, ayant à transformer plusieurs pièces de petit calibre en une seule de 48, les jettent d'abord dans les haut-fourneaux pour les décomposer, les réduire en fusion; de même les petits États avaient été réunis soit à l'Autriche, soit à la France, pour être réduits en éléments, perdre leurs souvenirs, leurs prétentions, et se trouver préparés au moment de la fonte. Réunis, pendant plusieurs années à la monarchie autrichienne, les Vénitiens avaient senti toute l'amertume d'appartenir aux Allemands. Lorsque ces peuples rentrèrent sous la domination italienne, ils ne s'inquiétèrent pas si leur ville serait la capitale, si leur gouvernement serait plus ou moins aristocratique. La même révolution s'opéra en Piémont, à Gênes, à Rome, brisés par le grand mouvement de l'empire français. Il n'y avait plus de Toscans, de Piémontais, de Génois, de Vénitiens; tous les habitants de la Péninsule n'étaient plus qu'Italiens : tout était prêt pour créer la grande patrie italienne. Le grand-duché de Berg était vacant pour la dynastie qui occupait momentanément le trône de Naples (Joachim Murat et Caroline Bonaparte). L'empereur n'attendait que la naissance de son second fils pour le mener à Rome, le couronner roi d'Italie, et proclamer l'indépendance de la belle Péninsule sous la régence du prince Eugène. »

En présence de cette déclaration faite par Napoléon lui-même, les doutes sur ses intentions à l'égard de l'Italie ne sont plus permis.

Napoléon n'oublia jamais que *Bonaparte* était Italien; et c'était là le sujet constant de ses retours sur le passé. Le temps lui avait manqué pour accomplir son œuvre; il le regrettait amèrement. Aussi, lorsqu'il eût été informé de la révolution de Naples, de 1820, calculant, avec le docteur corse Antomarchi, les conséquences qu'elle pourrait produire, il s'écriait :

« En face, comme ils le sont, du dominateur de l'Italie (Autriche), que peuvent faire les Napolitains, s'ils ne sont pas soutenus par une grande nation? S'ils le sont, j'applaudis à leur patriotisme; mais, s'il en est autrement, que je plains mes bons, mes chers Italiens! Ils seront décimés, sans que leur généreux sang profite au beau sol qui les a vu naître ; je les plains! Les malheureux sont distribués par groupes; divisés, séparés par une cohue de princes qui ne servent qu'à exciter des aversions, à briser les liens qui les unissent, et les empêchent de s'entendre, de concourir à la liberté commune. C'était cet esprit de tribu que je cherchais à détruire... *Si je n'avais été pris par le temps, si j'eusse exécuté ce que je projetais, je ne serais pas tombé;* Je ne serai pas allé à l'île d'Elbe, et encore moins jeté sur cet écueil. Ah! quels souvenirs, quelles époques me rappelle cette belle Italie ! »

La révolution de Naples, de même que toutes les autres qui se sont tentées en Italie en 1821, 1831, 1846, 1848, n'ont avorté que par suite du défaut d'union entre les États italiens. Isolés les uns des autres, placés sous la domination de différents princes, la plupart vassaux de l'Autriche, leurs efforts pour s'affranchir du joug devaient être et ont été stériles. Mais si les desseins de la Providence peuvent se trouver momentanément suspendus, ils ne sont jamais abandonnés. Dieu a remis à un autre Napoléon le pouvoir échappé trop tôt au chef de la dynastie. Napoléon III a repris la mission de Napoléon Ier; cette mission, il la remplira. Les peuples italiens, après tant de souffrances, dont la cause réside surtout dans leurs sympathies pour la France, peuvent attendre, calmes et confiants, l'issue de la lutte engagée si carrément en leur nom et à leur profit par le neveu et l'héritier du grand capitaine.

CHAPITRE II.

SOMMAIRE. — L'empire d'Allemagne avant 1806. — Son organisation. — Sa division en neuf cercles. — Nouvelle constitution de l'Allemagne. — La confédération germanique telle qu'elle est aujourd'hui. — L'empire d'Autriche. — Les états qui le composent : Bohème, Hongrie et Transylvanie.

Avant 1806, l'empereur d'Autriche portait le titre d'Empereur d'Allemagne ; ce titre provenait de la maison de Charlemagne, roi de France et empereur d'Occident. Par suite du partage de l'empire romain entre les deux fils de Théodose, Arcadius et Honorius, la partie orientale échue au premier prit le nom d'empire d'Orient ou de Constantinople ; celle occidentale, échue au second, garda le nom d'empire de Rome ou d'Occident. Ce dernier empire s'éteignit peu après, par l'invasion des peuples Barbares venus du nord, qui ravagèrent l'Italie et s'y établirent. L'empire romain fut rétabli en 800, sur la tête de Charlemagne roi de France ; ce prince possédait la plus grande partie de l'Italie et de la Germanie (Allemagne). Son fils, Louis-le-Débonnaire ayant partagé ses États entre ses enfants, et fait l'un deux, nommé Louis, roi de Germanie ou de Bavière, le titre d'empereur passa, quelques années après, dans cette branche des descendants de Charlemagne, et est resté depuis aux Germains ou Allemands.

L'Allemagne était autrefois un état singulier et différent de tous les autres. Quantité de princes, séculiers ou ecclésiastiques, souverains, chacun dans ses états, et indépendants les uns des autres ; grand nombre de villes libres se gouvernant elles-mêmes en forme de républiques ; tout cela réuni pour le bien général sous un chef électif, appelé *Empereur* ; telle était l'Allemagne et son gouvernement. Comme le titre d'Empereur n'ajoutait rien aux possessions de celui qui en était revêtu, on choisissait de préférence un prince assez puissant pour soutenir de lui-même cette dignité : c'est ce motif qui avait rendu l'empire comme héréditaire dans la maison d'Autriche, la plus puissante de l'Allemagne.

L'élection de l'empereur se faisait originairement par les princes Allemands, tant séculiers qu'ecclésiastiques ; mais par la constitution de l'empereur Charles IV, dite la *Bulle d'or*, datée de 1356, le nombre des électeurs fut fixé à sept ; trois ecclésiastiques : les archevêques de Mayence, de Trèves et de Cologne ; et quatre séculiers : le roi de Bohême, le marquis de Brandebourg, le duc de Saxe et le comte palatin du Rhin. En 1648, on créa un huitième électorat, par rapport à la maison de Bavière. En 1692, l'empereur Léopold en créa un neuvième en faveur d'Ernest de Brunswik, duc de Hanovre, dont le fils Georges monta sur le trône d'Angleterre, en 1714. Mais la maison de Bavière s'étant éteinte en 1777, les électorats de Bavière et Palatin furent réunis, et il en resta que huit électeurs.

Lorsque l'empereur voulait s'assurer d'un successeur, il le faisait élire par les électeurs *Roi des Romains* ; alors, il lui succédait après sa mort ; et si, auparavant, l'empereur sortait d'Allemagne, ou qu'il fût hors d'état de gouverner, le roi des Romains avait la conduite des affaires, comme vicaire général de l'empire. Si, au contraire, l'empire était vacant, ou l'empereur absent, et qu'il n'y eût point de *Roi des Romains* élu, les électeurs Palatin et de Saxe étaient vicaires de l'empire.

L'Empereur d'Allemagne prenait les titres de *toujours Auguste*, de *César* et de *Sacrée Majesté*. Bien que chef de l'empire, il ne le gouvernait pas seul ; l'autorité suprême résidait dans les assemblées générales, appelées *diètes*, qu'il avait seul le droit de convoquer, et où il envoyait des commissaires pour présider à sa place.

Ces assemblées se composaient de trois corps ou colléges : le premier était celui des électeurs ; le second, celui des princes ; le troisième, celui des villes libres, appelées *impériales*, parce u'elles faisaient partie du corps de l'empire, et qu'elles jouissaient de certains priviléges que les autres ne possédaient pas. Dans les diètes résidait le droit de faire la paix ou la guerre, d'établir les impositions générales et de régler toutes les affaires importantes de l'empire; mais leurs délibérations n'avaient force de loi que lorsque l'empereur y avait donné son consentement, et c'était là un de ses principaux droits. Il avait encore celui de donner l'investiture des fiefs, et de disposer de ceux qui étaient dévolus à l'empire, faute de successeur, ou par suite de confiscation.

Les électeurs et les autres souverains allemands avaient une autorité absolue dans leurs terres; ils pouvaient y établir des impôts, lever des troupes, contracter des alliances, même avec les étrangers, pourvu qu'elles ne préjudiciassent pas à la confédération. Ils avaient droit de vie et de mort sur leurs sujets, et jugeaient définitivement les causes civiles, à la réserve de certains cas dans lesquels on pouvait appeler de leurs jugements. Pour ces sortes d'appels, il y avait deux cours : l'une était la *Chambre impériale,* qui eut d'abord son siége à Spire, puis à Wetzlar, lorsque Spire eut été ruinée par les troupes françaises, en 1688; l'autre était le *Conseil aulique,* qui se tenait à Vienne. Ces cours jugeaient encore les affaires qui ne dépendaient que de l'empereur.

Par suite de la multiplicité des souverains de l'Allemagne, il existait souvent entre eux des oppositions d'intérêts, de sorte que la Confédération avait peine à unir toutes ses forces, ce qui l'empêchait d'agir promptement. Sans cela, et si quelques princes allemands n'eussent pas trafiqué de leurs soldats en les vendant aux puissances étrangères, cet Etat, qui était une pépinière inépuisable de gens de guerre, aurait été plus redoutable et plus puissant qu'il ne l'était en réalité.

En 1806, l'empereur Napoléon Ier, qui dictait alors la loi à l'Europe, fit déclarer à la Diète de Ratisbonne qu'il ne reconnaissait plus la constitution de l'empire germanique. Le 6 août 1806, François II abdiqua le titre d'empereur d'Allemagne pour prendre celui d'empereur d'Autriche, sous le nom de François Ier. Une nouvelle confédération se forma, sous le protectorat de Napoléon, et sur des bases autres que l'ancienne. Quelques Etats furent érigés en royaumes ; d'autres furent créés sous le titre de grands-duchés ; enfin, on vit disparaître bon nombre d'Etats demeurés jusqu'alors libres et indépendants.

L'Allemagne était divisée jadis en neuf cercles, qui étaient comme de grandes provinces et comprenaient chacun plusieurs Etats. Les neuf cercles étaient ceux d'Autriche, de Bavière, de Souabe, de Franconie, du Haut-Rhin, du Bas-Rhin, de Westphalie, de Haute-Saxe et de Basse-Saxe.

Le cercle d'Autriche comprenait les pays héréditaires de la maison d'Autriche; savoir : l'archiduché de ce nom, les duchés de Carniole, de Styrie, de Carinthie, le comté de Tyrol et une partie de la Souabe.

Le cercle de Bavière renfermait le duché de Bavière, le palatinat de Bavière, l'archevéché de Saltzbourg, le duché de Neubourg, les évêchés de Passau et de Ratisbonne. A l'extinction de la maison de Bavière, en 1777, ses possessions ont été dévolues à la maison palatine du Rhin.

Le cercle de Souabe contenait un grand nombre d'états séculiers et ecclésiastiques, dont les principaux étaient le duché de Wurtemberg, le marquisat de Baden-Baden, le marquisat de Bade-Dourlach, la principauté de Furstemberg, l'évêché de Constance, celui d'Augsbourg, etc., etc.

Le cercle de Franconie renfermait les évêchés de Bamberg, de Wurtzbourg et d'Aichtædt, les marquisats de Culmbach et d'Anspach. Ces pays appartiennent aujourd'hui au roi de Bavière.

Le cercle du Haut-Rhin renfermait les évêchés de Worms et de Spire, le duché de Deux-Ponts, le landgraviat de Hesse-Cassel, le duché de Simmeren, et la ville libre de Francfort-sur-le-Mein.

Le cercle du Bas-Rhin comprenait les électorats de Trèves, Cologne, Mayence, le palatinat du Rhin, et quelques autres petits États.

Le cercle de Westphalie comprenait les évêchés de Munster, de Paderborn, d'Osnabruck; les duchés de Clèves, de Berg, de Juliers, la principauté de Nassau, le duché d'Oldembourg, qui était autrefois un comté et appartenait au roi de Danemarck.

Le cercle de Haute-Saxe renfermait la Saxe, l'électorat de Brandebourg, le duché de Poméranie, etc. La Saxe comprenait la Misnie, le Landgraviat de Thuringe, le duché et l'électorat de Saxe. La Thuringe était possédée par plusieurs princes. Le duché de Saxe et la Misnie appartenaient à l'électeur de Saxe. Le marquisat et l'électorat de Brandebourg appartenaient à l'électeur de ce nom, qui, au XVIIe siècle, échangea ce titre contre celui de roi de Prusse.

Le cercle de Basse-Saxe comprenait le duché de Magdebourg, les duchés de Holstein, de Mecklenbourg, l'évêché d'Hildesheim et les États de la maison de Brunswick; les villes libres de Lubeck et de Hambourg. Les possessions de la maison de Brunswick comprennent aujourd'hui quatre États, outre Brunswick et Wolfembutel; savoir : le royaume de Hanovre, le duché de Brème; et ceux de Lunebourg et de Lawenbourg.

Des modifications ont été apportées à la constitution de l'Allemagne, tant par les traités de Presbourg que par ceux de 1814 et de 1815, par suite des remaniements opérés.

La nouvelle Confédération se compose des royaumes de Saxe, de Bavière, de Wurtemberg et de Hanovre, des provinces autrichiennes allemandes, du royaume de Prusse, et des Etats suivants : le grand-duché de Bade, la Hesse électorale, ou grand-duché de Hesse-Cassel; le grand-duché de Hesse-Darmstadt; le Danemarck, pour le duché de Holstein; les duchés de Saxe-Weimar; de Saxe-Gotha; de Saxe-Cobourg; de Saxe-Meinungen; de Saxe-Hildbourghausen; les duchés de Brunswick, de Mecklenbourg et de Holstein-Oldenbourg; les principautés d'Anhalt-Dessau, d'Anhalt-Bernbourg, d'Anhalt-Coëthen, de Schwartzbourg-Sondershausen, de Schwartzbourg-Rudolstadt, de Hohenzollern-Hechingen, de Hohenzollern-Sigmaringen, de Lichtenstein, de Reuss, de Waldeck, de Lippe-Detmold, de Schaumbourg-Lippe, des villes libres de Hambourg, Lubeck, Brême et Francfort-sur-le-Mein.

Les affaires de la confédération sont confiées à une diète fédérative, dans laquelle les membres votent par leurs plénipotentiaires, et qui est présidée par le ministre d'Autriche. Cette assemblée décide, à la pluralité des voix, les questions qui lui sont soumises. Elle siége à Francfort-sur-le-Mein.

Les princes confédérés se sont engagés à défendre le territoire allemand contre toute agression; comme aussi, à ne se faire la guerre sous aucun prétexte, et à soumettre leurs différends à la diète plutôt que d'en appeler aux armes.

L'empire d'Autriche, dont nous avons à nous occuper spécialement et uniquement, se forme : des provinces comprises dans l'ancien cercle d'Autriche; des royaumes de Hongrie et de Bohême; de la Moravie et de la partie de la Silésie, appelée Silésie autrichienne; de la Transylvanie, de l'Illyrie qui comprend l'Istrie; de la Dalmatie, de Raguse avec son territoire. Il comprend en outre la Gallicie orientale, province démembrée de la Pologne; plus le royaume Lombard-Vénitien. Les anciens évêchés de Trente et de Brixen, qui donnaient à leurs évêques le titre de prince de l'Empire, sont depuis longtemps réunis au Tyrol.

La maison impériale d'Autriche vient de celle de Hapsbourg, originaire du canton de Berne, en Suisse. Rodolphe de Hapsbourg fut élu empereur d'Allemagne en 1273. Le duché d'Autriche étant venu à vaquer par la mort de son prince, Conradin, dernier rejeton de la maison de Souabe, lequel fut mis à mort à Naples par ordre de Charles d'Anjou, frère du roi de France Louis IX, Rodolphe donna d'abord le gouvernement de l'Autriche à son fils Albert, et bientôt après l'investiture, comme d'un fief dévolu à l'empire germanique. Albert de Hapsbourg est donc la tige de la maison d'Autriche, qui préféra ce dernier nom à celui de Hapsbourg. Elle a donné seize empereurs à l'Allemagne, et six rois à l'Espagne. Le règne de Charles-Quint peut être considéré comme l'apogée de sa splendeur. La maison de Hapsbourg ou d'Autriche, s'étant éteinte par la mort de Charles VI, dernier mâle de cette maison, mort en 1740, Marie-Thérèse d'Autriche, sa fille aînée et son héritière, impératrice et reine de Hongrie, fit, par son mariage avec le prince François de Lorraine, qu'elle mit sur le trône impérial, succéder à la maison d'Autriche, celle de Lorraine qui règne encore aujourd'hui. En 1806, François II fut obligé de renoncer au titre d'empereur d'Allemagne pour prendre celui d'empereur d'Autriche, avec le nom de François Ier; outre le titre d'empereur, il est qualifié de roi de Hongrie et de Bohême.

La Bohême, la Hongrie et la Transylvanie, n'étaient pas réellement membres de l'empire germanique; mais, comme ces états sont limitrophes et possédés par la maison d'Autriche, on peut les considérer comme faisant partie de l'Allemagne.

Le royaume de Bohême, situé au nord de l'Autriche, eut autrefois des souverains électifs. En 1208, l'empereur Othon IV fit admettre le roi de Bohême au nombre des électeurs; et comme les souverains de ce pays recevaient ce royaume en fief de l'empire, les empereurs prétendaient que, faute d'héritiers, ils avaient droit d'en disposer comme des autres fiefs dévolus à l'empire.

Mais comme les rois de Bohême s'étaient peu à peu détachés de l'empire, et ne contribuaient point aux charges, les états du royaume revendiquaient le droit d'élire leur souverain. Ferdinand d'Autriche, qui fut depuis empereur d'Allemagne sous le nom de Ferdinand Ier, ayant épousé la princesse Anne, unique sœur de Louis II, roi de Hongrie et de Bohême, décédé sans postérité, se fit élire roi de Bohême, en 1527; et cette couronne est demeurée depuis lors dans la maison d'Autriche, qui se l'est fait déclarer héréditaire par les traités de Westphalie, en 1648; traités qui terminèrent la fameuse guerre dite *guerre de trente ans*, dans laquelle le cardinal de Richelieu avait pris parti pour les princes protestants contre la maison d'Autriche.

Ce royaume comprenait, outre la Bohême propre, le duché de Silésie, et les marquisats de Moravie et de Lusace. Mais, en 1620, la Lusace fut engagée à l'électeur de Saxe; en 1648, elle lui fut cédée entièrement; en 1815, par le congrès de Vienne, elle a été donnée à la Prusse, sauf la partie appelée Haute-Lusace, réservée au roi de Saxe.

La Silésie, qui dépendait jadis du royaume de Pologne, fut réunie à la Bohême, en 1312. Frédéric II, roi de Prusse, enleva à l'imperatrice-reine Marie-Thérèse, une bonne partie de cette riche et fertile province ; le traité de Breslau, en 1742, lui fit cession de sa conquête, et la possession lui en fut confirmée par la paix d'Aix-la-Chapelle, conclue en 1748.

Prague est la capitale de la Bohême ; c'est une ville très grande, mais mal peuplée et mal bâtie. Dans la Moravie, se trouve le petit village d'Austerlitz, dont le nom rappelle la célèbre victoire remportée sur les deux empereurs de Russie et d'Autriche, par l'empereur Napoléon, le 2 décembre 1805. Un souvenir semblable se rattache à Bautzen, ville située dans la Lusace ; c'est près de cette ville que les Français vainquirent en 1813, dans une grande bataille, les Prussiens et les Russes confédérés.

Le royaume de Hongrie étant devenu vacant, en 1526, à la mort du roi Louis II, mort sans enfants, Ferdinand d'Autriche, qui avait épousé l'unique sœur du feu roi, prétendit lui succéder, et se fit couronner par une partie des états. Jean de Zapol, waywode ou gouverneur de Transylvanie, se fit élire de son côté ; mais ce dernier trop faible pour lutter avec Ferdinand, demanda du secours aux Turcs qui, saisissant l'occasion, rétablirent Zapol, comme en passant, poursuivirent Ferdinand jusqu'à Vienne, et mirent le siége devant cette ville ; ils furent pourtant forcés de le lever. Par un accord solennel qui intervint alors entre les deux compétiteurs à la couronne de Hongrie, il fut convenu que Jean resterait sur le trône pendant toute sa vie ; mais qu'après lui, il appartiendrait à Ferdinand ou aux héritiers de celui-ci. Nonobstant cet accord, à la mort de Zapol en 1540, sa veuve parvint à faire élire le fils qu'il laissait, et appela une seconde fois les Turcs. Ceux-ci s'emparèrent des principales places de la Hongrie ; le reste demeura à Ferdinand. Plusieurs fois les Turcs essayèrent de chasser les Autrichiens des possessions que ceux-ci avaient conservées en Hongrie ; mais ils n'y parvinrent pas, et furent eux-mêmes chassés entièrement de ce pays par l'empereur Léopold, dans la guerre de 1683. Les états du pays assemblés à Presbourg déclarèrent le royaume de Hongrie héréditaire dans la maison de Léopold.

Les Hongrois ont plus d'inclination pour la guerre que pour le commerce et les arts. Ce peuple a rendu à la maison régnante d'Autriche des services qui n'ont pas été récompensés. Ce fut à leur dévouement que Marie-Thérèse dut la conservation de la couronne impériale, qu'elle était menacée de perdre. Cette princesse qui, dans ses revers, montra de l'énergie et même de l'héroïsme, se présenta à l'assemblée des magyars hongrois, tenant dans ses bras son fils, qui fut depuis Joseph II; elle leur adressa une allocution à laquelle ils répondirent en tirant leurs sabres, et s'écriant : *Moriamur pro rege nostro*, *Mariâ Theresiâ* (mourons pour notre roi, Marie-Thérèse). Grâce aux secours d'hommes et d'argent que les Etats de Hongrie s'empressèrent de mettre à la disposition de l'impératrice-reine, elle parvint à soutenir la lutte contre de puissants ennemis ligués contre elle, et à obtenir enfin une paix honorable.

La Hongrie est divisée en *Haute* et *Basse*. Bude est la capitale de tout le royaume. Les rois y faisaient autrefois leur séjour, Presbourg, capitale de la Haute-Hongrie, est une assez belle ville, située presque aux portes de Vienne (13 lieues). Une armée française arrivant d'Italie y entra le 5 décembre 1805; le 26 du même mois, on y signa le traité qui termina cette campagne de trois mois, si glorieuse pour les Français.

En 1848, les Hongrois essayèrent de secouer le joug de la domination autrichienne. Conduits par les généraux Kossuth, Bem, Georgey et Dembinski, ils remportèrent plusieurs victoires et s'avancèrent jusqu'aux portes de Vienne. L'empire d'Autriche était alors à deux doigts de sa perte; il ne fut sauvé que grâce à l'intervention armée de la Russie.

Les intrépides magyars luttaient encore, bien qu'ils eussent à combattre des ennemis qui leur étaient si supérieurs en nombre, lorsque l'un de leurs plus habiles chefs, le traître Georgey, entraîna leur perte par sa lâche et infâme défection. Les Hongrois furent obligés de se soumettre; mais il est presque certain qu'ils n'attendent qu'une occasion favorable pour reprendre les armes et chercher à conquérir leur indépendance; et la guerre que l'Autriche soutient en ce moment pourrait bien avoir ce résultat.

Il nous reste à parler de la Transylvanie, pays qui dépend aussi de l'empire autrichien. Ce petit Etat, situé à l'est de la Hongrie, faisait partie autrefois de ce royaume; il en fut séparé en 1541, et gouverné ensuite par des princes électifs, qui étaient vassaux de la Porte-Ottomane. Le dernier de ces princes, nommé Michel Abaffi, se mit sous la protection de l'empereur d'Allemagne, en 1687, et reçut dans ses places des garnisons de soldats allemands. Après la mort de Michel Abaffi, en 1690, la Transylvanie a été uniquement possédée par l'empereur, auquel les Turcs l'ont cédée en 1699, par le traité de Carlowitz.

L'empereur d'Autriche actuel, François-Joseph II, est monté sur le trône à l'âge de dix-huit ans; il est né en 1830, et a été proclamé empereur au mois de décembre 1848, par suite de l'abdication de l'empereur Ferdinand.

CHAPITRE III.

La domination de l'Autriche est profondément antipathique aux populations de l'Italie, et le régime constitutionnel dont jouit le Piémont formait une opposition trop marquée avec l'arbitraire et le despotisme sous lequel l'empereur et roi courbe ses sujets italiens, pour que les habitants de la Lombardie et de la Vénétie ne désirassent pas se délivrer de l'autocratie autrichienne. Le fond de la pensée du cabinet de Vienne sur la question italienne se trouve indiqué dans la dépêche adressée par le comte Buol, ministre des affaires étrangères d'Autriche, au comte d'Appony, ambassadeur à Londres, et dans laquelle la Sardaigne est représentée comme la véritable cause de l'état anormal de l'Italie.

Ce ministre, après avoir retracé, à son point de vue, les évènements accomplis depuis 1848, déclare que si l'Italie est profondément agitée, si les populations y sont mécontentes, si les gouvernements n'ont rien fait pour satisfaire les vœux de leurs sujets, la faute en est aux sentiments et à l'esprit turbulent que la liberté a développés en Piémont. En conséquence, le remède principal, selon lui, à cet état de choses très grave, serait une action commune des grandes puissances sur la Sardaigne, pour la forcer à modifier ses institutions. Qu'on étouffe la liberté en Piémont, et la Lombardie, la Vénétie, tous les autres Etats de la Péninsule rentreront dans la tranquillité.

La conséquence n'est pas juste; car la destruction des institutions libérales du Piémont, loin de ramener la paix, aurait pour résultat de rejeter dans les voies révolutionnaires les Italiens réduits au désespoir; mais l'on ne peut s'empêcher de reconnaître qu'il y a du vrai dans cette opinion.

Le contraste que présente le Piémont avec les provinces soumises à l'Autriche et les autres Etats de la Péninsule, est trop frappant pour que le gouvernement impérial n'en soit pas blessé et même irrité. En effet, l'exemple des Etats de Victor-Em-

manuel, en prouvant que, contrairement à l'avis des diplomates autrichiens, un régime libéral et progressif est compatible
avec le génie, les traditions et les conditions sociales des Italiens, rend plus odieux aux peuples de la Péninsule le système
qui s'appuie sur le régime militaire, les punitions corporelles,
les impôts écrasants, les mesures financières désastreuses, etc.,
etc. Oui, la liberté en Piémont est un danger et une menace
pour l'Autriche. Pour y parer, celle-ci n'a que deux partis à
prendre : détruire le régime libéral dans les États-Sardes, ou
étendre sa domination sur toute l'Italie, pour empêcher que la
contagion n'atteigne les États de la Péninsule qui n'ont pas
assez de forces à leur disposition pour comprimer les vœux des
populations. Elle a embrassé le second moyen, en attendant
qu'elle puisse arriver, plus tard, à la réalisation du premier.

Par ses traités particuliers avec Parme, Modène, et la Toscane,
comme aussi par l'occupation de la Romagne, par les fortifications qu'elle y exécute, l'Autriche est parvenue à se rendre la
maîtresse réelle de l'Italie centrale, et à entourer le Piémont
d'un cercle de fer. C'est contre un tel état de choses, qui n'est
nullement justifié par les traités de Vienne, que la Sardaigne
n'a cessé, depuis bien des années, de protester énergiquement, en réclamant l'intervention et l'appui de toutes les
grandes puissances signataires de ces traités.

On sait qu'en 1848, Charles-Albert, roi de Piémont, entreprit
de délivrer l'Italie ; qu'il lutta héroïquement contre les troupes
impériales, commandées par le vieux maréchal Radetzki. Réduite aux abois par plusieurs défaites, l'Autriche se vit con-
trainte de faire rétrograder ses armées sur le territoire Vénitien,
et de laisser la Lombardie au pouvoir de Charles-Albert. Des
propositions furent faites alors à lord Palmerston par le baron
de Hummelaüer, ambassadeur d'Autriche à Londres. L'empereur Ferdinand offrait d'ériger la Lombardie en un état séparé,
sous le gouvernement d'un archiduc autrichien, et de lui donner
une constitution; elle aurait eu une administration acceptée par
le peuple et une armée nationale: Parme et Modène auraient été
incorporés à ce nouvel état. Mais la Lombardie était en ce moment la conquête de Charles-Albert ; pouvait-on lui ordonner de
l'abandonner? Pouvait-il d'ailleurs, accéder à un arrangement
qui n'aurait pas eu pour but de régler la condition des Vénitiens
aussi bien que celle des Lombards ? C'étaient là des objections
sérieuses. Le baron de Hummelaüer les soumit à son gouvernement, et fut autorisé à offrir des concessions plus larges,
qui peuvent se résumer ainsi : indépendance complète pour la
Lombardie ; et, pour la Vénétie, gouvernement et armée séparés, sous un archiduc. Lord Palmerston demanda à réfléchir

sur ces nouvelles propositions, et répondit ensuite : que les mêmes clauses d'indépendance seraient stipulés pour la Vénétie et la Lombardie, et que, sous ces conditions, l'Angleterre se chargerait du règlement des affaires d'Italie.

L'Autriche s'y refusa et rentra dans la lutte armée; deux mois plus tard, lord Palmerston se ravisa et fit savoir à l'Autriche que l'Angleterre adhérait aux dernières propositions qui lui avaient été soumises. Mais les chances de la guerre avaient tourné ; l'Autriche victorieuse déclara qu'elle avait retiré ses propositions, à dater du refus du cabinet de Saint-James.

Il est important aujourd'hui, au point de vue de la question italienne, de rappeler ce précédent ; il est important que l'Europe se souvienne qu'à un moment donné, la politique anglaise ne trouvait pas cette question suffisamment résolue par l'affranchissement complet de la Lombardie, et une constitution libérale donnée à la Vénétie. Et quand l'Autriche fait sonner si haut les journées de Custozza (25 juillet 1848), et de Novare (23 mars 1849), elle oublie un peu trop les combats de Goïto, de Pastrengo et de Sainte-Lucie, où la valeur de l'armée sarde infligea de rudes défaites aux troupes impériales. Elle ne se souvient pas non plus qu'il y eut un moment où, chassée de toute la Lombardie et de la capitale de la Vénétie, elle se vit réduite à implorer l'intervention de l'Angleterre ; résignée qu'elle était à renoncer à l'une de ces provinces pour conserver l'autre, et même à détacher celle-ci de la couronne de ses empereurs. Elle oublie enfin, que si elle parvint à ressaisir l'avantage à Custozza, et à remporter une victoire décisive à Novare, ce résultat est dû moins à sa supériorité militaire, qu'à un concours de circonstances fatales : l'abstention du roi de Naples, la défection des Etats-Romains et des duchés ; la trahison de Romarino ; et plus que tout cela, les dissensions et les rivalités funestes qui avaient germé entre les patriotes italiens.

La division territoriale actuelle de l'Europe est basée sur les traités de 1815 ; c'est en vertu de ces traités que l'Autriche possède la partie nord-ouest de l'Italie, dont les populations lui sont hostiles. Mais ces mêmes traités n'autorisaient pas les empiétements qu'elle a commis successivement. Toutes les conventions particulières qui ont soumis les petits Etats de l'Italie centrale à la domination militaire de l'Autriche, aux termes desquelles les duchés sont livrés à des garnisons allemandes, et ont remis à la disposition arbitraire des armées autrichiennes leurs forteresses et leurs territoires, constituent des violations à la loi internationale de l'Europe. C'est l'Italie entière que convoite l'Autriche depuis quarante ans ; c'est la Péninsule tout entière qui souffre aujourd'hui de la domination que l'Autriche fait peser sur son indépendance! C'est le Piémont, c'est la France, qui se trouvent en danger par le développement que l'influence autrichienne a pris en Italie, malgré les traités qui avaient fixé des limites à sa puissance!

On disait autrefois : *Bella gerant alii; tu, felix Autria, nube.* (Que d'autres agrandissent leur puissance par la guerre; toi, heureuse Autriche, accrois la tienne par des mariages). Aujourd'hui, l'on peut dire que l'Autriche acquiert des provinces par sa diplomatie; car c'est une véritable et réelle conquête que cet Etat de choses amené par des traités particuliers, et qui permet à son pouvoir arbitraire d'occuper militairement toute l'Italie centrale. Or, il est évident que, par suite de ces traités qui investissent l'Autriche du droit de faire entrer ses armées dans les petits duchés et de les occuper, toutes les fois que des troubles intérieurs ou des dangers extérieurs lui en feront entrevoir l'utilité, soit pour elle, soit pour les souverains de ces Etats, leur indépendance n'est plus qu'un vain mot, de même que la souveraineté des princes qui en sont les gouvernants.

L'Autriche a pris ombrage de la présence des Français à Rome. Mais l'occupation de Rome par nos troupes ne constitue pas un fait abusif, comme l'intervention de l'Autriche dans les affaires intérieures des duchés; la présence des Français dans les Etats du pape n'a pas eu pour l'Italie,—il s'en faut bien,—les mêmes conséquences que le rôle de protectrice que l'Autriche s'est attribué sur toute la Péninsule. Nos troupes ne sont venues à Rome que sur la demande du Souverain Pontife; elles n'y sont demeurées jusqu'ici que pour prévenir les explosions révolutionnaires, et non pour conquérir à la France une situation qui l'investît d'une prépondérance anormale dans les affaires de l'Italie. Tandis qu'au contraire, à Naples comme à Modène, à Parme, et dans les autres duchés, l'Autriche exerce une domination écrasante, aussi intolérable que celle qu'elle fait peser sur les Etats Lombards Vénitiens.

Quant aux traités de 1815, la France ne les a pas acceptés; ils lui avaient été imposés par la coalition européenne. Le lion de Waterloo ne rappelle que notre gloire, même sur le théâtre de notre défaite. Une grande nation peut, sans que son honneur en souffre, être vaincue, lorsqu'elle se trouve seule vis-à-vis de tous. Le jour néfaste n'a pas été celui de notre désastre, mais celui de notre humiliation. Les traités de 1815 humiliaient plus la France qu'ils ne la mutilaient; ils étaient la consécration de sa servitude. Ils la laissaient assez grande géographiquement, puisqu'ils reconnaissaient ses limites de 1790. Mais ils lui enlevèrent sa grandeur et son influence. C'est ce que comprit le noble cœur du ministre de Louis XVIII, le duc de Richelieu, qui a laissé un témoignagne touchant de sa patriotique douleur, dans le billet suivant écrit à M. Laîné :

« Tout est consommé ! J'ai apposé, plus mort que vif, mon nom à ce fatal traité. J'avais juré de ne pas le faire, et je l'avais dit au roi. Ce malheureux prince m'a conjuré de ne pas l'abandonner. Je n'ai plus hésité. »

Ce *fatal traité* a pesé en effet sur la France pendant quarante années. C'est contre lui, bien plus que pour la charte, qu'a été faite la révolution de 1830. La monarchie de juillet n'a pu vivre qu'en couvrant la politique de la paix des grands souvenirs de l'Empire. Elle ramenait de Sainte-Hélène les cendres de Napoléon, au moment où elle allait se laisser exclure du concert européen. Poussée par une force irrésistible, la France tendait sans cesse, dans toutes les aspirations de son esprit national, à se relever de cette humiliation. Un poids pesait sur elle. La France ne s'est sentie soulagée et relevée que le jour où elle a vu son armée victorieuse, revenant de Sébastopol, rentrer à Paris avec ses soldats mutilés et ses drapeaux troués par les balles russes. La campagne de Crimée ne reculait pas nos frontières, mais du moins elle nous rendait notre rang et notre influence en Europe.

L'Angleterre, la Russie et la Prusse ne nous ont pas contesté cette situation nouvelle. L'Autriche seule n'a pas dissimulé sa jalousie. Après s'être montrée notre rivale en Orient, sur le Danube, elle veut étendre sa domination jusque vers les Alpes. Il importe à l'honneur et à la sécurité de la France, aussi bien qu'à l'indépendance de l'Europe, que cette domination ne soit pas consacrée. Il importe que l'Italie échappe à cette terrible alternative de la révolution ou de l'asservissement. Voilà la question. Favoriser l'exécution des réformes utiles, venir en aide au parti modéré luttant contre les partis extrêmes, qui sont représentés par le système oppresseur de l'Autriche, aussi bien que par les idées révolutionnaires, s'opposer à ce que les Etats italiens soient dominés ou exploités par aucune puissance, contribuer à leur sécurité et leur indépendance, telle était la politique que M. Guizot préconisait en 1847, en imprimant à son langage la réserve commandée par la responsabilité d'un ministre dirigeant. Et, à cet égard, quelle différence existe-t-il entre la politique de 1847 et celle de 1859 ? La situation a-t-elle changé depuis onze ans ? Non ; et ce qui le prouve, c'est que le 30 janvier 1848, à la tribune de la chambre des députés, M. Thiers soulevait le problème italien dans des termes à peu près identiques avec ceux de l'un des plus récents discours parlementaires de M. le comte de Cavour. Voici les paroles de M. Thiers :

« Il importe que l'Italie ne doute pas de nos sentiments ; il faut qu'elle sache que ses souffrances, ses espérances, rencontrent ici d'ardentes sympathies. Je voudrais que ma voix eût la force qu'elle n'a pas, pour dire aux Italiens : la France vous aime ; elle vous aime comme une contrée associée longtemps à ses destinées ; non pas que dans cette affection, il entre rien de l'ambition qui nous inspirait il y a quarante ans ; non. Lorsqu'il y a un demi-siècle, nous avons voulu posséder l'Italie, c'était un tort ; un tort excusable, il faut l'avouer, parce qu'alors la posséder, c'était l'affranchir, et l'immense empire qui s'étendait de Rome à Hambourg, ne fut qu'une représaille de la convention de Pilnitz. Ces temps ne sont plus, il faut que l'Italie sache que la France lui souhaite d'être indépendante, libre et heureuse. »

Plus loin, le même orateur s'exprime ainsi au sujet des traités de 1815, qu'il veut respecter tout en les détestant :

« Ces traités, il faut les observer..... jusqu'au jour où on fait la guerre, car jusque-là, il faut bien trouver quelque part la règle de ses relations avec les autres états ; il faut *les observer* et *les détester*. Il faut non seulement les observer, mais les faire observer aux autres ; et je viens, ces traités à la main, vous prouver que vous n'avez pas fait pour l'Italie tout ce que vous deviez, tout ce que vous pouviez faire. Ce que nous pouvons et devons, c'est réclamer pour l'Italie l'exécution des traités. Eh bien ! ces traités, que disent-ils? Voici le texte de l'article 6 du traité du 14 mai 1814 : L'Italie, hors des limites des pays qui reviendront à l'Autriche, sera composée d'Etats-Souverains. Cela veut dire que le Piémont, que Parme, Modène, Florence, Naples, sont indépendants ; qu'ils peuvent se donner des constitutions quand il leur plaît, dans la nature qu'il leur plaît, et que personne n'a le droit d'intervenir.

Je reconnais qu'il faut observer les traités ; mais alors faites-les observer à votre tour. Et alors je vous demanderai : Pourquoi les Autrichiens sont-ils à Modène? Pourquoi sont-ils à Parme ? Pourquoi entrent-ils, pourquoi sortent-ils de ces Etats presque sans qu'on le sache, tant leurs habitudes d'aller et de venir sont prises, tant ils se regardent là comme chez eux ? Pourquoi souffrez-vous que les Autrichiens soient à Modène, au moment où je parle ? Il ne s'agit pas de changer les limites des traités ; il s'agit de faire respecter les traités de 1815. »

« Vous me direz : Ce n'est pas assez ; les Italiens ne s'en contenteront pas. Mais faisons d'abord cela. L'avez-vous fait espérer à ceux qui devaient l'espérer? craindre à ceux qui devaient le craindre? Je vous adresse ces questions. Je vous les adresse à la face de l'Europe qui sait bien la réalité..... »

Arrivons à la conclusion de ce discours :

« Italiens, soyez unis! peuples, princes, soyez unis ! Piémontais, Toscans, Romains, Napolitains, soyez unis ! Aujourd'hui, en Italie, l'autel de la patrie, c'est l'autel de la concorde ; déposez sur cet autel, vous princes, toutes les portions de votre pouvoir qui ne sont pas nécessaires pour maintenir l'ordre de la société ; vous, peuples, déposez sur le même autel toutes les exigences intempestives, prématurées, fussent-elles justes ; et quand vous vous serez entendus de peuples à princes, entendez-vous d'Etats à Etats. Que toutes les populations qui s'entendent, de Turin à Florence, à Naples à Palerme, forment un seul tout, et qu'elles se présentent à l'ennemi commun, ayant à leur tête Pie IX avec les clés de Saint-Pierre à la main, et Charles-Albert, avec la vieille épée des ducs de Savoie. Dans cette attitude, vous serez respectés ; mais s'il pouvait en être autrement, si l'on voulait attenter à vos droits, à votre indépendance, croyez-le bien, le cœur de la France n'est point glacé. Oui, la France est vieille de gloire, mais elle est jeune de cœur, et si elle reconnaît clairement quelque part la liberté et l'indépendance de l'Europe, menacées, vous ne la trouverez pas dégénérée ; car elle n'est dégénérée que dans l'opinion de ceux qui la croient faite à leur image..... Et ce jour-là même, la France et l'Angleterre parleraient peut-être en commun ; la France et l'Angleterre feraient entendre en commun, non seulement le langage des traités, mais le langage de l'humanité et de la liberté........ et ce jour là vous seriez sauvés !... »

Les traités de 1815, si l'on veut les examiner, accordaient à l'Autriche, par l'article 92, la souveraineté du royaume Lombardo-Vénitien. Mais les droits d'un souverain, même absolu, ne peuvent aller jusqu'à détruire, au gré de son caprice ou de ses intérêts, la nationalité d'un peuple dont le gouvernement lui est confié. L'Autriche elle-même ne le pense pas, du moins à en juger par sa conduite dans les duchés allemands, et d'après ses attitudes plus récents vis-à-vis de la Prusse, lors des affaires de la principauté de Neufchâtel.

Les puissances alliées, en 1815, n'ont point eu l'intention de faire perdre à la Haute-Italie sa nationalité. Pour se convaincre de ce fait, il suffit de lire les proclamations qui précédèrent ou qui suivirent les dernières péripéties de la grande lutte européenne. Le 16 avril 1814, notamment, lord William Bentinck, parlant au nom de l'Angleterre, s'adressait en ces termes à l'Italie : « Courage, Italiens ! le Portugal, l'Espagne, la Sicile, la

Hollande, sont libres ; l'Italie seule restera-t-elle esclave ? N'hésitez plus, soyez Italiens ! Nous ne vous demandons pas que vous nous suiviez au dehors, mais que vous fassiez valoir vos droits, et que vous soyez libres. »

L'Autriche elle-même tenait alors un semblable langage. Voici ce qu'écrivait l'archiduc Jean, en 1809 : « Italiens, écoutez la voix de la raison et de la vérité. La conscription, les impôts, la *nullité de votre existence politique*, tout vous opprime. Vous ne pouvez être ni respectés, ni tranquilles, ni Italiens. Voulez-vous l'être enfin ? » Et l'archiduc finissait, en promettant que si Dieu protégeait « les *vertueux efforts de l'empereur François Ier*, *l'Italie redeviendrait heureuse et serait de nouveau respectée en Europe.* » En 1813, le général comte de Nugent était plus explicite et plus affirmatif encore, lorsqu'il s'écriait dans sa proclamation : « Italiens ! soyez-en convaincus par le serment impérial, vous allez tous ensemble former une nation indépendante. »

Il est vrai que l'empereur François parla différemment, une fois les traités signés, et qu'aux réclamations de ses nouveaux sujets, il répondit : « Vous savez bien que mes armes victorieuses ont seules conquis l'Italie, et qu'il ne peut être question d'accorder à des vaincus ni indépendance ni constitution. » Mais lorsque revint l'heure du danger, l'oublieuse Autriche se rappela ses anciennes promesses, invoqua le véritable esprit des traités, et les remit en avant. « C'est ma volonté souveraine, déclara l'empereur Ferdinand, le 20 septembre 1848, que les habitants du royaume Lombard-Vénitien aient une constitution en accord avec la nationalité respective de ces provinces et les besoins des pays. » — « Le royaume Lombard-Vénitien, dit à son tour l'empereur François-Joseph, trouvera, après que la paix sera rétablie, dans son union organique avec l'Autriche constitutionnelle, *la meilleure garantie de sa nationalité.* Les conseillers de la couronne se tiendront fermement sur le terrain des traités. »

La paix est rétablie depuis dix ans, voyons comment la maison de Lorraine s'est tenue sur le terrain des traités ; comment elle a rempli ses promesses, et respecté la nationalité italienne. Le premier signe de la nationalité d'un peuple, c'est son armée. L'ancien royaume d'Italie avait la sienne, distincte, indépendante. Le premier soin de l'Autriche a été de la dissoudre, de renvoyer les officiers italiens et de former, avec les hommes, de nouveaux régiments autrichiens, lesquels sont commandés exclusivement par des officiers de l'armée impériale. Elle a effacé jusqu'aux dernières traces des anciennes institutions militaires : écoles, fabriques d'armes, fonderies de canons, manufactures de draps, etc., etc., tout a été transporté à Vienne, dont on voulait faire l'unique centre administratif, militaire et même commercial.

La Lombardie n'eut donc plus les priviléges d'une organisation militaire distincte, mais il lui fallut néanmoins en porter les charges, qui deviennent de jour en jour plus pesantes. En 1814, l'Autriche avait promis que la conscription serait abolie; elle fut maintenue et rendue odieuse. Aucune loi, à ce qu'il paraît, ne règle, en Lombardie, les droits et les devoirs en matière de conscription; tout est laissé à l'arbitraire. Chaque année, ce petit Etat de 5,000,000 d'habitants, doit fournir un contingent de 60 à 70 mille hommes, chiffre que les autorités impériales répartissent entre les communes et les provinces, au gré de leur rancune et souvent de leurs intérêts. Puis, outre ces levées régulières, arrivent tout-à-coup des levées extraordinaires qui enlèvent *ceux que le sort a épargnés bien souvent jusqu'à deux ou trois fois*, les hommes mariés, les pères de famille comme les autres.

Dans l'origine, les classes pauvres supportaient presque seules ces terribles impôts. Toute famille un peu riche rachetait ses enfants et se résignait aux plus rudes sacrifices, plutôt que de les voir justiciables du bâton d'un caporal, de la canne d'un sergent, ou du jonc d'un officier autrichien. Mais le gouvernement impérial a trouvé bien vite le moyen de prouver à la bourgeoisie que l'or ne les protégerait pas. Quiconque parmi ses membres a été soupçonné d'idées libérales, en politique ou en religion, s'est vu brusquement arraché à sa famille, à ses études, conduit à la caserne et enrégimenté de force. « *N'est-ce pas là*, a répondu autrefois le plus célèbre des hommes d'états autrichiens, *n'est-ce pas là l'œuvre d'un gouvernement vraiment paternel? Il ne s'agit après tout que d'inculquer à de jeunes têtes légères des notions salutaires de discipline et de soumission au pouvoir.* » Ces enrôlements forcés sont profitables aux intérêts financiers de l'Autriche; car, à force de démarches et de protection, les parents obtiennent la faveur d'acheter à leur fils un nouveau remplaçant. Deux mois après, c'est à recommencer; de sorte qu'il y a de jeunes soldats lombards, sous l'uniforme autrichien, qui ont déjà pourtant dans l'armée deux ou trois remplaçants : le prix d'un remplaçant est d'environ 4,000 fr.

De pareilles vexations, de semblables abus, ne sont rien encore. Ce qui désole le plus le jeune soldat italien, ce qui le tue, c'est de quitter son pays, et d'être déporté, pour ainsi dire, au milieu de populations étrangères ou hostiles. L'empire d'Autriche, qui pèse sur vingt peuples de races différentes, ne se maintient qu'à force de tact et de calcul; c'est ce que l'on a fait remarquer souvent. La composition de son armée est un prodige d'habileté. Chaque peuple joue un rôle spécial. Le Hongrois et le Bohémien sont cavaliers; le Tyrolien est tirailleur; l'Allemand a le privilége des armes savantes; les Illyriens, les Italiens et les Croates sont fantassins. Réunis, tous ces peuples forment une armée; séparés, ils sont condamnés d'avance à l'impuissance et à la faiblesse.

Cette combinaison ne suffisait pas pour rassurer l'Autriche. Elle s'est attachée à développer entre ces différents corps d'armée des rivalités et des haines. Ainsi, les Hongrois ont passé sous les verges des Italiens; les Italiens sous les verges des Hongrois. Puis, elle a chargé les Croates, les Tyroliens, les Hongrois de surveiller pour elle l'Italie, leur vieille ennemie. A leur tour, les Italiens sont allés occuper la Bohême et la Hongrie.

Or, il est arrivé ce qui devait avoir lieu nécessairement. Les Croates et les Hongrois, obéissant à leurs rancunes, ont été de fidèles et d'inexorables geôliers. Ils se sont prêtés, en Italie, à toutes les oppressions. De leur côté, par représailles, les Italiens n'ont pas ménagé la Hongrie et la Bohême; ils ont rendu, ainsi qu'on l'a dit avec vérité dans une brochure moderne, « blessure pour blessure, mort pour mort, esclavage pour esclavage. »

On l'a bien vu en 1849; si les Bohêmes, les Hongrois et les Allemands ont combattu les Italiens à Novare, les grenadiers italiens ont étouffé la révolution en Hongrie.

A la vérité, la politique des conquérants a recouru parfois à des moyens semblables, et fait servir les rivalités des nations à l'accomplissement de leurs projets. Mais, dans la pensée de ces grands hommes, ce n'étaient là que des nécessités d'un moment; des expédients dont le caractère transitoire pouvait, non légitimer la violence, mais tout au moins l'expliquer. Mais on n'avait pas encore vu un Etat, constitué depuis des siècles, qui se dit conservateur et pacifique entre tous les autres, ériger en règles de gouvernement ces duels de peuple à pleuple, et asseoir sur des haines habilement exploitées la base de sa puissance.

Si, jadis, les Césars romains faisaient descendre dans le cirque quelques milliers de gladiateurs pour distraire un peuple blasé, les Césars autrichiens vont plus loin encore; car leur empire tout entier est une arène où les nations elles-mêmes se combattent, et s'épuisent au profit de leur domination.

Veut-on se faire une idée de la législation barbare que l'Autriche conserve encore, et de ses institutions si contraires à la civilisation actuelle? On croit généralement en France que la torture , cette monstruosité d'un autre âge, n'existe plus en Europe. C'est là une erreur : l'Autriche l'a maintenue, et en a fait un des pouvoirs discrétionnaires de ses magistrats. Ainsi, d'après son code de procédure (articles 363 et suivants, *« la « bastonnade, le jeûne et les fers peuvent être employés contre « le prévenu qui refuserait de répondre aux questions du juge, « qui feindrait la folie, ou qui persisterait dans ses dénégations « malgré les preuves du contraire. »*

Mais c'est surtout à l'égard des crimes politiques que le code pénal autrichien est impitoyable. Il établit que *« les affaires « d'État, et sous peine de complicité, la femme devra dénoncer « son mari, le frère son frère, le fils son père, et ainsi de suite « pour tous les membres de la famille. »*

En outre, le moindre délit contre l'État est le plus souvent justiciable des conseils de guerre, du tribunal *Statorio*, comme on dit en Lombardie. Voici comment un auteur italien décrit l'intérieur d'un de ces tribunaux :

« Le tribunal *Statorio* se compose d'officiers allemands, bohémiens, croates, hongrois, etc., qui ne savent pas un mot d'italien. Aucun d'eux, en tout cas, ne comprend le dialecte milanais que le peuple parle exclusivement.

» Les témoins sont les soldats qui ont arrêté le prévenu. Les juges parlent allemand entre eux ; les témoins sont interrogés en allemand, de sorte qu'il n'y a pas lieu d'établir de confrontation entre ceux-ci et l'accusé ; ou bien la confrontation a lieu par l'intermédiaire d'un interprète , et cet interprète est l'un des juges. L'accusé, qui n'a pas de défenseur, est jugé sans savoir même de quoi il s'agit, et il apprend avec stupéfaction qu'il est condamné à être pendu, et que dans une demi-heure, on lui mettra la corde au cou. »

Et ce n'est pas seulement devant les conseils de guerre que les Lombards se trouvent en face de juges qui ne les comprennent pas. Il avait été décidé primitivement que la moitié au moins des juges seraient italiens ; mais il va sans dire que cette promesse n'a pas été mieux tenue et respectée que toutes les autres. Aujourd'hui, on rencontre à peine deux Italiens sur les six conseillers d'un tribunal, et le président est, de droit, Autrichien. Il est des villes où le président, les six conseillers, même jusqu'au greffier, sont tous étrangers. Aussi, un économiste italien écrivait-il en 1847 : « C'est spécialement dans la magistrature qu'abondent les Autrichiens , et l'ignorance de notre langue et de nos intérêts devient ici la source de fréquentes et déplorables erreurs. »

Il est vrai que si les parties estiment qu'elles ont été peu comprises à Milan , elles ont la ressource de s'adresser au tribunal suprême qui siége à Vienne, où on ne les comprend pas du tout.

Or, on ne saurait s'étonner que des méprises quotidiennes ne soient la conséquence d'un pareil système. Et si, du moins encore, ces juges étrangers ne commettaient que des méprises. Mais leur improbité est passée en proverbe ; car , dépendant complétement de l'autorité centrale, ils sont prêts à tout faire sur le seul soupçon de son désir; et on cite d'eux des traits de concussion que l'on n'oserait reproduire, parce qu'ils dépassent toute pudeur.

Mentionnons toutefois un seul exemple : Par l'article 1er du traité de paix, du 6 août 1849, le Piémont s'était obligé à payer 75 millions, à titre d'indemnité pour les dommages causés par la guerre « aux sujets du gouvernement autrichien, villes, par- » ticuliers, institutions ou corporations. » Eh bien! pas une ville, pas un particulier ne reçut une obole. Des réclamations furent adressées au cabinet de Turin qui, naturellement, dé- clara qu'il avait payé, et pria le cabinet de Vienne de payer à son tour. Le gouvernement impérial promit et ordonna une en- quête.

Toutes les sommes ont été reconnues et fixées, il y a dix ans; mais personne n'a rien reçu et ne recevra rien, *parce que des formalités judiciaires s'y opposent.*

Ainsi, comme nous le disions au commencement de ce cha- pitre, l'Autriche, qui fait peser sur la Lombardie et la Vénétie un système d'oppression dont les faits que nous avons cités ne sauraient donner qu'un aperçu, est fondée à craindre que le voisinage d'un pays doté d'institutions en harmonie avec les tendances progressives de notre époque, ne soit dangereux pour sa domination. Mais, en ravissant aux Lombards tout ce qui constitue la nationalité d'un peuple, elle n'a réussi qu'à rendre son joug plus insupportable de jour en jour; car elle ne saurait arriver à étouffer l'esprit national.

Nous verrons tout à l'heure que les hommes d'Etat autri- chiens, notamment M. le comte de Buol, ont rejeté sur le Pié- mont l'accusation de pousser à la guerre, tandis que l'Autriche seule a pris la première une *attitude provocatrice ,* et se prépa- rait ostensiblement à une entrée en campagne, au moment même où elle protestait de ses intentions conciliantes et de son désir de maintenir la paix.

CHAPITRE IV.

Voici sous quel aspect s'ouvrait l'année 1859, au point de vue de la tranquillité de l'Europe.

Nous avons dit dans le chapitre précédent, la situation que le gouvernement autrichien a faite à la Lombardie. Aussi, la haine et le mécontentement des populations opprimées se traduisaient-ils, en toute circonstance, par des signes non équivoques qui indiquaient une sourde agitation. A Milan, comme à Pavie, des démonstrations contre l'Autriche, qui eurent lieu vers la fin de l'année 1858, provoquèrent la fermeture provisoire de l'université de Pavie. Peu rassurée sur l'avenir, l'Autriche continuait néamoins de suivre partout une politique personnelle et égoïste, sans paraître s'inquiéter si cette ligne de conduite ne lui créerait pas des complications de tous les côtés. En même temps, au lieu de faire les concessions que la situation de ses affaires en Italie semblait devoir lui imposer, elle ne songeait qu'à faire de grands préparatifs militaires, à renforcer ses garnisons, bien que les troupes qui se trouvaient déjà cantonnées dans la Lombardie fussent plus que suffisantes pour réprimer une insurrection dans ce pays, et même pour repousser un coup de main s'il eût été tenté par le Piémont.

D'autre part, on commençait aussi à se préoccuper des divergences d'opinion qui se produisaient, sur toutes les questions, entre le cabinet de Vienne et celui de Paris. Le monde diplomatique s'était ému des paroles adressées par l'empereur Napoléon III à M. de Hübner, ambassadeur d'Autriche à Paris, venu aux Tuileries avec ses collègues pour féliciter Leurs Majestés à l'occasion du 1er janvier. L'Empereur s'adressant à M. de

Hübner, lui avait dit : « Je regrette que nos relations, diploma-
» tiques avec votre gouvernement ne soient pas aussi bonnes
» que par le passé ; mais cela ne change rien à mes sentiments
» pour l'empereur, et je vous prie de lui adresser mes compli-
» ments à l'occasion du nouvel an. » Mais, immédiatement
avant de parler à l'ambassadeur autrichien, Sa Majesté avait dit
au nonce du pape, doyen du corps diplomatique à Paris :
« J'espère que l'année qui commence sera aussi bonne que
» celle qui vient de finir, et qu'en resserrant les liens entre
» les puissances, elle consolidera la paix générale. » Evidem-
ment, les paroles adressées au nonce et celles dites à M. de
Hübner, se complétaient les unes par les autres ; pour bien
les apprécier, on ne peut séparer celles-ci de celles-là. Elles
exprimaient la même pensée, pensée de paix, sans aucun doute
possible. Seulement, celles qui s'adressaient à l'ambassadeur
d'Autriche manifestaient un vœu de rapprochement, de retour
aux meilleures relations du passé. C'était donc à tort que l'on
avait cru voir dans les paroles de l'Empereur une déclaration
de rupture, et une menace de guerre. Toutefois, pour rassurer
les inquiétudes, le *Moniteur* du 7 janvier, dans sa partie non
officielle, publia la note suivante :

« Depuis quelques jours, l'opinion publique est agitée par des
» bruits alarmants, auxquels il est du devoir du gouvernement
» de mettre un terme, en déclarant que rien, dans nos relations
» diplomatiques, n'autorise les craintes que ces bruits tendent
» à faire naître. »

Rien, en effet, ne faisait alors considérer la guerre avec l'Autriche comme imminente ; seulement on pouvait comprendre
que la question de la Servie, dans laquelle les deux cabinets
avaient émis des opinions contraires, avait jeté une certaine
froideur dans leurs relations. L'agitation, il est vrai, continuait
de régner en Italie ; mais les aspirations de la Lombardie vers
l'indépendance ne dataient pas de la veille, et ne constituaient
pas un fait nouveau. Les espérances semblaient pourtant se réveiller, en même temps que les manifestations prenaient un caractère plus prononcé. A Milan, le salut devenu populaire parmi
ceux qui se connaissaient pour nourrir des sentiments italiens,
était *Viva Verdi*. Voici l'explication de ces mots, qui en apparence ne renfermaient aucune allusion politique : *Viva* V. E.
R. D. I. ; c'est-à-dire : *Viva Vittorio-Emmanuele Re d'Italia*.

La rigueur avec laquelle la police se faisait à Milan, empêchait
les manifestations de se produire avec énergie. Seulement, pour
ne pas prendre de cigares de la régie, tous les jeunes Italiens,
même ceux de la fashion, fumaient de petites pipes de terre.
Mais, dans les provinces, l'agitation se montrait plus grande ; on

ne fumait pas, même chez soi, et tous les jours étaient signalés par de nouvelles démonstrations. Partout on prononçait le nom de Victor-Emmanuel, comme celui d'un futur libérateur.

Des démarches avaient été tentées par la Russie, la France et l'Angleterre, auprès de l'empereur François-Joseph, dans le but de le décider à remplacer le comte Buol au ministère des affaires étrangères ; la Prusse s'était même associée à cette tentative des trois autres puissances ; on espérait de la retraite de ce ministre un moyen de conciliation ; mais l'empereur d'Autriche ne consentit pas à ce changement. En attendant, les garnisons de Mantoue et de Vérone recevaient de nombreux renforts, et des mouvements de troupes étaient dirigés vers les provinces méridionales de l'Empire.

Il n'est pas inutile de faire remarquer le langage que tenait à ce moment (12 janvier), la *Gazette autrichienne*, dans un article où elle se plaignait de l'*ingratitude* et du mauvais esprit de la Lombardie : « Une justice qui soit sévère, une sévérité qui soit
» juste, voilà ce qu'il faut à l'Italie. Nous n'avons pas à solliciter
» la faveur du Lombard; mais à assurer son obéissance. Que
» celui qui ne veut pas se conformer aux lois sache ce qui l'at-
» tend; que tout homme qui veut vivre en bon citoyen soit as-
» suré de sa réussite et de sa tranquillité. On respectera l'Au-
» triche, quand on la craindra de cette crainte salutaire qui est
» le boulevard des bons et la terreur des méchants. »

Le discours que le roi Victor-Emmanuel devait prononcer à l'ouverture du parlement sarde, était attendu avec la plus vive impatience. La session s'ouvrit solennellement le lundi 10 janvier. Voici les paroles prononcées par le roi de Piémont en cette circonstance :

« Messieurs les sénateurs, messieurs les députés.

» La nouvelle législature, inaugurée il y a un an, n'a trompé
» ni mon attente, ni les espérances du pays ; grâce à son con-
» cours loyal et éclairé, nous avons vaincu les difficultés de la
» politique intérieure et extérieure, rendant ainsi plus fermes
» et plus solides ces grands principes de nationalité et de pro-
» grès sur lesquels reposent nos institutions libérales.

» Avançant toujours dans cette même voie, vous apporterez,
» cette année-ci, de nouvelles améliorations dans les diverses
» branches de la législation et de l'administration publique.

. . . .

» Messieurs les sénateurs, messieurs les députés.

» L'horizon au milieu duquel vient de se lever la nouvelle
» année n'est pas tout-à-fait sans nuages ; ils n'altéreront en

» rien la sollicitude habituelle qui préside à vos travaux parle-
» mentaires. Encouragés par l'expérience du passé, nous mar-
» chons avec résolution au-devant des éventualités de l'ave-
» nir.

» Cet avenir sera prospère, notre politique reposant sur la
» justice, sur l'amour de la liberté et de la patrie.

» *Notre pays, petit sous le rapport de son territoire, a su con-*
» *quérir un grand crédit dans les conseils de l'Europe, par la*
» *grandeur des idées qu'il représente, par les sympathies qu'il*
» *inspire. Cette condition n'est point exempte de périls; car,*
» *tout en respectant les traités, nous ne pouvons rester insensibles*
» *au cri de douleur qui, de toutes les parties de l'Italie, s'élève*
» *vers nous.* (Sa Majesté prononce ces paroles d'une voix
» émue).

» Forts par la concorde, pleins de confiance dans notre bon
» droit, attendons avec prudence et résolution les décrets de la
» divine Providence. »

On doit observer que ce discours ne faisait nulle mention de
l'état des relations du Piémont avec la France et la Russie, de
peur que la constatation de l'excellence de ces rapports ne devînt un cours de trop violente exaltation pour les aspirations
libérales du Piémont, de la Lombardie et de l'Italie entière.
Cette réticence prudente n'était pas le côté le moins significatif
du discours de Victor-Emmanuel.

Parmi les feuilles allemandes, quelques-unes, soutenant la
cause de l'Autriche, prétendaient que la Confédération germanique était, pour ainsi dire, solidaire du comte Buol en ce qui
touchait les affaires d'Italie. La *Gazette du Palatinat* disait que,
dans le cas où le Piémont et la France feraient la guerre en Italie, l'Allemagne devrait secourir l'Autriche, « *et défendre le Rhin
sur le Pô et le Mincio.* » De son côté, la *Gazette universelle allemande* voulait que, dans la question serbe, comme dans celle
des principautés et dans toutes les complications qui pourraient survenir, la Prusse soutînt fermement l'Autriche pour le
maintien du *statu quo* en Europe.

Les journaux anglais appréciaient diversement la situation.
Ainsi, tandis que le *Morning Post* s'efforçait de démontrer que
la paix européenne n'était pas sérieusement menacée, le *Daily-
News*, plus radical et plus convaincu, s'exprimait en ces termes:
« C'est en vain que l'on appelle la paix là où la paix ne peut
» plus être ! Les pavots et les mandragores ne sauraient arrêter
» la désaffection de l'Italie. Elle est la naturelle, la légitime,
» la nécessaire conséquence de cette domination autrichienne,
» qui, foulant aux pieds toute modération, et narguant les vœux
» et les souffrances des peuples, accumule torts sur torts, ty-

» rannies sur tyrannies, injustices sur injustices, repousse les
» remontrances même de ses archiducs et de ses vice-rois, et
» ne tient aucun compte des conseils des puissances alliées qui
» voudraient préserver la tranquillité du monde. »

Cette même feuille ajoutait : « La guerre est une grande ca-
» lamité; mais une grande calamité est préférable à un grand
» crime. Une campagne des Français et des Russes au-delà des
» Alpes affecterait sérieusement les Bourses du monde et trou-
» blerait matériellement l'industrie pacifique des nations. Ce-
» pendant, si elle est le seul moyen de délivrer l'Europe d'une
» situation qui devient de plus en plus intolérable, c'est une
» entreprise à laquelle nous ne nous sentons pas disposés à nous
» opposer, *bien que nous soyons déterminés à ne pas y prendre*
» *part.* »

Comme on peut le voir, le *Daily-News*, le plus belliqueux des
journaux anglais, poussait à la guerre, sous la condition que
l'Angleterre n'y prendrait aucune part. L'égoïsme britannique
se manifestait là tout entier.

Quels événements se préparaient? Quelle serait la solution de ce grand problème : *La question italienne?* L'exas-
pération des Lombards-Vénitiens, poussée à l'extrême par
des vexations de toute nature, aboutirait-elle à une insurrection? Tous ces formidables apprêts de guerre faits par
l'Autriche, ces occupations de territoires neutres, — mesures qui étaient à la fois une menace aux Piémontais, aux Lombards-Vénitiens, et un défi insolent à l'Europe, — réussiraient-
ils à prévenir l'explosion? Au cas où une insurrection éclaterait,
quelle serait l'attitude du Piémont? Et si la guerre venait à se
déclarer entre le Piémont et l'Autriche, la France interviendrait-
elle à main armée en faveur de Victor-Emmanuel et des Italiens? Les autres puissances, de leur côté, ne s'interposeraient-
elles pas pour maintenir la paix, et pour décider la question
d'Italie dans un congrès? En admettant le cas d'un conflit, la
Prusse et les autres États de l'Allemagne prendraient-ils parti
pour l'Autriche? Si la France se rangeait du côté du Piémont,
quel rôle prendraient alors la Russie et l'Angleterre? Enfin, pourrait-on espérer une solution pacifique due aux efforts de la diplomatie? Un congrès parviendrait-il à trancher les difficultés
de la situation?

Telles étaient les questions dont l'opinion publique se préoc-
cupait dans l'expectative des événements et dans l'incertitude
sur l'issue qu'ils pourraient avoir. Chaque jour l'horizon s'as-
sombrissait davantage au-delà des Alpes. D'autre part, les difficultés qui s'étaient élevées antérieurement entre la France et l'Autriche, relativement à la Servie et aux Principautés, difficultés

non encore aplanies, avaient singulièrement aigri les relations;
et un pareil fait ne semblait pas de nature à rester sans influence sur l'état des esprits en Italie. Quant à nos rapports
avec la Prusse, ils étaient satisfaisants, et le discours prononcé
par S. A. R. le prince régent de Prusse, à l'ouverture de la
session des deux chambres de la Diète, renfermait le paragraphe
suivant :

« Aucun changement n'est survenu dans la nature pacifique
» de nos rapports avec les puissances étrangères. Particulière-
» ment, nos relations amicales avec les grandes puissances,
» n'ont pas été altérées. »

Vis-à-vis de la Russie, la position de la France était on ne
peut plus favorable. D'ailleurs, Alexandre II n'avait pas oublié
que l'Autriche s'était montrée ingrate envers son père, et qu'en
échange du secours qui le sauva en 1849, elle a fait preuve, en
1854, d'une politique lâche et égoïste. Aussi, la *Gazette de
Saint Pétersbourg*, après avoir tracé un triste et fidèle tableau
de la situation fiscale et financière, sous laquelle est placée la
Lombardie, s'exprimait ainsi : « Comment, après cela, ne pas
» reconnaître que l'Autriche a traité ses possessions italiennes
» en pays conquis ? Sa conduite y est telle, qu'à l'heure qu'il est,
» l'inimitié des habitants de ces provinces est devenue un sen-
» timent profond et ineffaçable. Nous sommes habitués à en-
» tendre dire que le seul espoir du rétablissement de leur in-
» dépendance jette les Italiens dans l'opposition. S'il en était
» ainsi, que pourrait-on y objecter ? »

A l'égard de l'Angleterre, le ministère dont lord Derby était
le chef, sans professer ouvertement des sympathies pour la
France et le Piémont, pas plus que pour l'Autriche, sans prendre aucun parti prononcé, se bornait à professer une telle hor-
reur pour la guerre, qu'il semblait prêt à anathémathiser quiconque engagerait les hostilités.

Le *Morning-Herald*, organe du cabinet tory, dans un article
publié en Janvier, accusait le roi Victor-Emmanuel, d'avoir pris
un ton provocateur qui ne pouvait avoir pour résultat que de
verser de l'huile sur le feu. D'après le *Herald*, cette conduite in-
considérée pourrait recevoir sa punition ; car, si la guerre venait à éclater, quelle qu'en fût l'issue, la ruine de l'Italie en de-
viendrait la conséquence.

Comment l'expulsion de l'Autriche aurait-elle causé la ruine
de l'Italie ? Voilà ce qui se comprend assez difficilement, et que
le journal ministériel anglais cherchait à expliquer par cette
raison supérieure, *que les Italiens n'étant pas d'accord entre
eux, tomberaient nécessairement dans le chaos*. Appréciant à
son point de vue le mouvement qui se produisait en Italie, le

Morning-Herald trouvait moyen de glisser à l'adresse de la
France, une insinuation aussi fausse qu'absurde. « Le désordre,
« disait-il, et la confusion, qui devront nécessairement suivre,
« fourniraient à la France où à l'Autriche l'excuse qu'elles
« cherchent pour l'intervention, et une longue nuit de despo-
« tisme suivra une courte période de licence révolutionnaire. »
Partant de là, il faisait la leçon aux cabinets de Vienne et des
Tuilleries, se plaisant à les représenter comme poursuivant tous
deux la même politique de désordre et d'ambition ; ajoutant
qu'une telle conduite serait la violation des principes que ces
deux puissances ont défendus aux conférences de Paris, et
pour lesquels elles professaient de si grands égards.

Enfin, l'organe du ministère Derby terminait son article par
cette menaçante prophétie adressée à la France, à l'Autriche et
au Piémont : « *Jusqu'ici, les efforts des gouvernements ont été*
« *dirigés vers le maintien de la tranquillité, ce qui a été la cause*
« *réelle de leur force et le secret de leurs succès. Ceux qui as-*
« *sumeront une attitude offensive et appelleront l'Europe aux*
« *armes, verront tomber sur leur tête les principales calami-*
« *tés.* »

Ainsi, dans sa préoccupation incessante de faire la leçon aux
divers cabinets, le *Morning-Herald* négligeait de formuler les
intentions de celui qu'il représentait. Seulement, d'après ce
langage, il y avait tout lieu de présumer que le gouvernement qui
mettait tant d'ardeur à prêcher la paix, n'irait pas, en cas de
lutte, se jeter dans la mêlée pour en augmenter l'étendue, en
même temps que pour la prolonger. L'Autriche cependant continuait ses immenses préparatifs, dans la crainte de la guerre
ou de l'insurrection ; seulement ils avaient reçu une modification.
Ainsi, tandis que, précédemment, ses dispositions de défense
semblaient devoir s'étendre sur la ligne du Pô, tout paraissait,
vers le milieu de Janvier, se concentrer sur la ligne du Tessin.
Depuis quelques jours, les chemins de fer de l'empire transportaient à Milan des troupes et des munitions, qui étaient,
aussitôt arrivés, distribués dans les villes et les bourgades placées entre la capitale de la Lombardie et la frontière piémontaise.
Des ordres avaient été donnés à la municipalité de Milan, à l'effet de préparer des logements pour 30,000 fantassins 2,000
chevaux et 10 batteries. Le 3ᵐᵉ corps de l'armée autrichienne
recevait l'ordre d'aller rejoindre l'armée d'Italie.

Des troubles avaient eu lieu à Padoue, et pour disperser les
rassemblements, deux décharges avaient été faites. L'ordre ne
s'était rétabli qu'après effusion de sang. Loin de diminuer, l'irri-
tation contre l'Autriche, ne faisait que croître et se propager.

Le 15 janvier, M. Rattazzi, élu président de la chambre des

députés de Turin, prononçait les paroles suivantes, en prenant possession de son fauteuil :

« L'époque est grave ; elle exigera de notre part de grands
» sacrifices ; le premier de tous, celui que la patrie attend de
» nous, c'est que nous reléguions à l'écart tout sentiment de
» susceptibilité personnelle, que nous mettions fin à une scis-
» sion de partis, que nous nous ralliions dans une seule et
» commune pensée. La division des partis, nécessaire et oppor-
» tune dans les Etats libres, aux époques de tranquillité, est
» fatale dans les moments où nous avons à combattre un péril
» commun.

» L'expérience du passé nous est une douloureuse école ;
» ne renouvelons pas les anciennes erreurs : évitons qu'une
» fois encore l'histoire ait à nous proclamer impuissants, parce
» que nous aurons été divisés.

» L'Italie tout entière, qui tourne ses regards vers notre par-
» lement, et qui a mis en nous une immense confiance, ne nous
» fait pas seulement entendre un cri de douleur ; elle nous
» adresse encore un conseil, elle nous dit d'être unis et pru-
» dents.

» La voix pleine d'autorité du monarque, tout à l'heure et
» dans une occasion solennelle, nous conviait à la concorde
» et à la prudence ; ce conseil et cette voix ne nous trouveront
» pas indifférents ; nous marcherons bien unis sous un seul et
» même sentiment, le désir de faire le bien de la patrie.

» Nous ne nous laisserons pas détourner de cette voie, et
» nous pourrons ainsi coopérer efficacement à l'exécution du
» grand œuvre auquel s'est vouée toute la sollicitude de notre
» généreux souverain, de ce roi, qui, brave soldat et monarque
» très loyal, de même qu'il règne sur tous les cœurs, a su aussi
» se concilier l'estime de tous les peuples civilisés et éveiller
» de si grandes espérances. »

Le surlendemain, 15 janvier, la chambre des députés du Piémont adoptait sur la présentation du député Corentini et en réponse au discours de la couronne, une adresse qui approuvait,
sans restriction, la politique suivie par le roi Victor-Emmanuel
et son gouvernement pendant les dix années de son règne.

Voici un passage de ce document :

« Votre peuple, repassant dans sa pensée les événements
» heureux et variés de ces dix dernières années, sait, par expé-
» rience, que votre voix ne l'a jamais trompé, même alors
» qu'austère et affligée, elle conseillait la résignation ou deman-
» dait des sacrifices dont on ne pouvait voir immédiatement
» les fruits.

» Et maintenant, Sire, votre voix, justement écoutée de toutes

» les nations civilisées, compatissant avec une magnanime pi-
» tié aux douleurs de l'Italie, a certainement éveillé le souvenir
» de solennelles promesses qui, jusqu'à présent, sont restées
» inexécutées; mais, en même temps, elle a calmé des impa-
» tiences aveugles, et fortifié chez les populations la foi dans la
» Providence et dans la puissance réparatrice de l'opinion pu-
» blique.

» Si cette intervention consolante de Votre Majesté, si cet
» appel à la raison publique devait attirer des dangers, des
» menaces sur votre tête sacrée, la nation, qui vénère en vous
» le plus loyal des princes, qui vous reconnaît comme le puis-
» sant intercesseur (*intercessore*) de la cause de la liberté de-
» vant les conseils de l'Europe; qui voit toutes les colères des
» factions s'humilier devant le grand exemple de votre loyauté;
» qui sait comment en vous et par vous s'est enfin retrouvé le
» secret perdu depuis tant de siècles de la concorde italienne,
» la nation se réunira tout entière autour de vous, et montrera
» comment elle a réappris l'art antique de concilier l'obéissance
» du soldat avec la liberté du citoyen. »

Nous croyons utile de rappeler ici la protestation chaleureuse
par laquelle les plénipotentiaires du Piémont, MM. de Cavour et
de Villamarina, prirent en quelque sorte congé du congrès
tenu à Paris en 1856, et où se trouvait tracé le programme de la
politique future du Piémont, soit pour l'Europe, soit pour la nationalité et l'indépendance italienne. Ce programme portait:
Réclamation de réforme des mauvais gouvernements des Etats
italiens; opposition, comme un principe, de l'indépendance de
ces Etats au système d'intervention militaire pratiquée partout
par l'Autriche, système qui arrêtait le développement sain et régulier de l'Italie, et y entretenait un foyer permanent de pas-
sions révolutionnaires, de manière enfin que l'Autriche ne
franchît plus les frontières assignées par les traités.

C'est depuis cette époque surtout, que le gouvernement autrichien a voué au Piémont une haine qu'il n'attendait que
l'occasion de faire éclater.

Le 30 janvier 1859 fut célébré, à Turin, le mariage de S. A. I.
le prince Napoléon, fils de Jérôme Bonaparte, ancien roi de
Westphalie, et cousin germain de l'Empereur, avec S. A. R. la
princesse Clotilde, fille du roi Victor-Emmanuel. Ce mariage,
dans les circonstances où l'on se trouvait alors, acquérait une
certaine importance politique; car il venait resserrer les liens
déjà existants entre la France et le Piémont.

Au sujet de cette alliance, il n'est pas sans intérêt de jeter
un coup d'œil sur l'histoire de la maison souveraine de Savoie,
l'une des plus anciennes de l'Europe, et qui, depuis le XIe siè-

cle, époque à laquelle remonte son origine, a fourni à la Savoie une suite non interrompue de trente-huit princes.

Le fondateur de cette maison, le premier *comte de Savoie* que nous voyons apparaître dans l'histoire, c'est Humbert *aux blanches mains*, un des feudataires de l'ancien royaume de Bourgogne. Il reçut du roi de Bourgogne, Rodolphe III, pour prix des services qu'il lui avait rendus, la Savoie et la Maurienne, avec le titre de comte, et de l'empereur Conrad-le-Salique, non moins reconnaissant, le Faucigny, le Bas-Chablais et le Val d'Aoste qu'il ajoutait à ses premiers domaines.

Ces comtes de Savoie, dont Humbert Ier commence ainsi la lignée, se succèdent pendant les XIe, XIIe, XIIIe et XIVe siècles jusqu'au moment (1419) où Amédée VIII, que des prélats réunis en concile à Bade devaient élever, dix ans plus tard, à la papauté, sous le nom de Félix V, est créé *duc de Savoie* par l'empereur Sigismond. Victor-Amédée II portait encore ce titre pendant la première partie de son règne et ne l'échangea qu'en 1720 contre le titre définitif de *roi de Sardaigne*. Ce fut à cette époque, en effet, que ce prince reçut ce royaume en retour de la Sicile, qu'il abandonnait, et que sept ans auparavant il avait obtenue par le traité d'Utrecht. Les ducs de Savoie avaient déjà pris, depuis Victor-Amédée Ier, le titre de *roi de Chypre*, en vertu d'une donation que, deux siècles plus tôt, Charlotte Lusignan avait faite à Charles Ier le *Guerrier*.

Ce prince ne fut pas le seul parmi les princes de la maison de Savoie qui eût pu mériter ce surnom; mais si plusieurs d'entre eux se distinguèrent dans la carrière des armes, d'autres recherchant une gloire non moins assurée, prirent place parmi les princes législateurs de la Savoie, ou parmi les protecteurs éclairés des arts et des lettres. Si tous les princes de cette maison ne furent pas appelés à jeter un égal éclat sur leur règne, tous peuvent se glorifier d'avoir aimé la liberté, d'avoir porté haut le drapeau de l'honneur national; si bien que, dans l'histoire, aucune accusation de tyrannie, aucun reproche de coupable faiblesse ne pèse sur la mémoire d'aucun d'eux.

Au nombre des princes dont il se plaît surtout à garder le souvenir, le Piémont n'est-il pas fier de pouvoir citer les noms d'Humbert *aux blanches mains*; du Comte Vert; d'Emmanuel-Philibert, le vainqueur de Saint-Quentin, rentrant avec honneur par la paix de Cateau-Cambrésis (1559), dans les Etats que la guerre et que les fautes de Charles III avaient démembrés? Ne se rappelle-t-il pas avec un légitime orgueil ses rois Victor-Amédée II, Charles-Emmanuel III, Charles-Albert? Au milieu des grandes figures qui rayonnent sur l'histoire du Piémont, est-il permis d'oublier ce fils si célèbre du prince de Carignan et d'Olympe Mancini, nièce de Mazarin, ce prince Eugène de Savoie, que les dédains de Louis XIV et de Louvois perdirent pour la France, où vainement il demandait à servir, et qu'ils jetèrent imprudemment, avec son génie et son épée, dans la cause de l'empereur d'Allemagne?

Si la maison souveraine de Savoie doit une partie de sa splendeur aux princes qui l'ont illustrée, cette splendeur s'est encore accrue par les hautes et puissantes alliances matrimoniales qu'elle a contractées. C'est ainsi que la Savoie a donné de nombreuses princesses à la France, et que dix-huit princesses françaises sont entrées dans la famille royale de Savoie.

La plus ancienne de ces fréquentes alliances, qui se trouvent, pour la France et pour la Savoie, mêlées à leur histoire depuis plus de sept siècles, remonte à 1115. Alix ou Adelaïde, fille de Humbert II, comte de Maurienne et Savoie, épousait Louis-le-Gros. Pour la première fois une princesse étrangère venait partager le trône d'un des successeurs de Hugues-Capet. Depuis ce mariage, que d'autres mariages suivirent, une confraternité d'armes s'établit entre les princes de France et de Savoie. C'est ainsi qu'Amédée V, *le Grand*, combat à côté de Philippe de Valois, alors en guerre contre Edouard III, d'Angleterre; c'est ainsi qu'Amédée VI sert sous les drapeaux de la France et prend part (1381) à la bataille de Rosbecque que Charles VI livre aux Flamands; et, comme si rien de cette confraternité glorieuse n'avait dû se perdre ou s'affaiblir, nous retrouvons, quatre siècles plus tard, les troupes sardes et françaises affrontant, en Crimée, les mêmes périls et participant aux mêmes exploits.

Les princesses les plus remarquables de la Savoie qui s'allièrent à la France, furent Charlotte de Savoie, femme de Louis XI; Louise de Savoie, duchesse d'Angoulême, mère de François Ier et régente du royaume; la duchesse de Guise; la duchesse de Nemours, et Marie-Adelaïde, fille de Victor-Amédée II, qui épousa, en 1697, le duc de Bourgogne. Est-il besoin de rappeler que cette princesse, « qui devait être, comme le dit Dangeau, l'ornement et l'âme de la cour, » possédait le charme et toutes les grâces de son aïeule, de cette Henriette d'Angleterre, duchesse d'Orléans, que l'immortelle éloquence de Bossuet devait faire survivre à la tombe? Enfin, Marie-Joséphine-Louise de Savoie épousait, en 1771, Monsieur, comte de Provence (Louis XVIII), et Marie Thérèse de Savoie, s'alliait, en 1773, au comte d'Artois, depuis Charles X.

Nous ajouterons, pour compléter l'indication de ces grandes alliances, que la Savoie a donné une reine à l'Espagne, Marie-Louise Gabrielle, sœur de la duchesse de Bourgone, mariée au duc d'Anjou, qui fut roi sous le nom de Philippe V, et que deux autres princesses de la maison de Savoie devinrent l'une reine de Naples, l'autre impératrice d'Autriche.

Quant aux princesses françaises qui méritent le plus d'être distinguées parmi celles qui s'allièrent à la maison de Savoie, nous citerons, sans remonter au delà du XVI° siècle, Marguerite, sœur de Henri II, femme d'Emmanuel-Philibert ; Christine, fille de Henri IV, mariée à Victor-Amédée I°r ; Françoise de France, fille de Gaston d'Orléans, unie à Charles Emmanuel II, et Marie-Adelaïde Clotilde, sœur de Louis XVI, qui épousa le prince de Piémont, depuis Charles-Emmanuel IV.

Le mariage de la jeune princesse Clotilde, fille du roi Victor-Emmanuel II avec S. A. I. le prince Napoléon, continuait la tradition de tant d'alliances entre la France et la Sardaigne, et resserrait les liens qui unissaient déjà les deux pays ; et si une princesse de cette antique et auguste maison de Savoie est entrée dans une famille souveraine, jeune encore, il est vrai, dans l'histoire, c'est qu'il a été donné au fondateur de cette famille de l'élever, par tous les genres de gloire, à la hauteur des plus anciennes dynasties.

CHAPITRE V.

Les incertitudes continuaient sur l'issue de la question italienne ; mais déjà l'on pouvait prévoir que l'on rencontrerait, de la part de l'Autriche, de nombreux obstacles à une solution pacifique. La duplicité de sa politique se révélait à chaque instant par des contradictions manifestes. Nous allons en citer un exemple entre tous :

Dans un article publié vers la fin de janvier, la *Gazette de Vienne*, en même temps qu'elle accusait la presse française de se livrer sans motif à une polémique belliqueuse, attaquait avec insolence le gouvernement et le peuple français. Voici en quels termes s'exprimait la feuille autrichienne :

« La paix ou la guerre dépend évidemment de la France en ce moment, non pas que la France soit l'État le plus puissant, l'État auquel on reconnaisse le droit de prononcer le *quos ego*, mais parce que tous les autres États veulent la paix, et que l'on ne sait pas si la France veut la paix ou non. Les autres États ne s'occupent que de leurs propres affaires; la France s'ingère dans celles des autres.

» Le cabinet tory va même un peu trop loin dans sa politique de non-intervention. La Russie elle-même a, pour le moment du moins, renoncé à ses projets de monarchie universelle. Pourquoi donc la France s'occupe-t-elle de l'hospodar de Valachie, du prince Danilo, du roi de Naples, du régime que l'Autriche applique à l'une de ses provinces ?

» La Belgique a déjà été forcée (par la France) de modifier plusieurs fois sa législation, et si les petits États de l'Allemagne ont été ménagés jusqu'ici, c'est à la protection austro-prussienne qu'ils le doivent. Si l'on parvient à jeter la division entre les cabinets de Vienne et de Berlin, on se mêlera des affaires des petits États allemands comme de celles des États précités. Aussi n'y a-t-il eu qu'un cri de réprobation dans toute l'Allemagne, quand on a vu l'Autriche menacée. Un journal de Hambourg a seul fait exception.

» Il s'agit maintenant de savoir si c'est à Paris que l'on décidera la manière dont les autres États de l'Europe doivent être gouvernés. Aujourd'hui, c'est le tour de la Lombardie; demain, ce pourra être celui du grand duché de Luxembourg, des provinces rhénanes, du grand-duché de Posen, de l'Irlande et de Malte. D'abord alarmer, puis menacer, évoquer des orages, réunir un congrès sous la pression de la peur, faire de ce congrès une soupape de sûreté, le transformer en un aréopage qui détruirait la souveraineté des États, au moyen d'une majorité influencée par l'intrigue, la violence et le hasard; voilà des projets qui ne doivent ni ne peuvent se réaliser. »

Eh bien! ces agressions non moins odieuses que ridicules coïncidaient par la date avec le jour où l'empereur François-Joseph, recevant une députation de la Banque de Vienne, cherchait à calmer les inquiétudes du commerce, en déclarant que les dernières dépêches permettaient « d'espérer la solution pa-

» cifique du conflit et de compter sur le maintien de la paix. »
Comment expliquer ce langage conciliant avec les provocations
d'une presse qui, soumise à la censure, ne devait refléter que
des pensées gouvernementales. A Vienne, l'empereur parlant
dans un sens et le ministère dans l'autre ; à Milan, l'archiduc se
montrant libéral près du général Giulay, qui voulait et pratiquait
le plus intolérable despotisme ; voilà bien la double face de la
politique de l'Autriche. Et tandis que cette dernière puissance
remuait et scandalisait l'Europe par ses intrigues et ses violences, au mépris du traité de Paris, au mépris de ses engagements,
au mépris des plus saintes notions de l'honneur, la France, fidèle observatrice de ce traité, ne se bornait pas à le respecter
et à le pratiquer elle-même ; elle voulait en imposer le respect
et la pratique à ceux qui tendaient de le rompre. C'était son
droit et son devoir.

La situation financière de l'Autriche, peu favorable depuis
longtemps, était devenue plus pénible encore par suite de ses
grands préparatifs militaires. Aussi, essayait-elle de négocier à
Londres un emprunt de 6,000,000 de livres sterling (soit 150
millions de francs) ; mais quoiqu'elle eût fait cette demande
aux capitalistes de la cité, par l'intermédiaire de la célèbre maison Rothschild, et qu'elle offrît des conditions très-avanta-
geuses, elle essuyait un échec complet. Cependant les actes
d'arbitraire, en Lombardie, acquéraient de jour en jour un
nouveau degré de brutalité. A Milan, M. Strobach, le nouveau
directeur de la police, signalait son entrée en fonctions, par plus
de quatre cents arrestations.

Le 3 février, le *Moniteur* reproduisait le discours prononcé
par S. M. la reine d'Angleterre, à l'occasion de l'ouverture du
Parlement anglais. On s'attendait à y trouver quelques allusions
aux complications de la politique extérieure et au rôle que
l'Angleterre entendait prendre dans ces complications. Ces prévisions furent trompées. La reine, dans son discours, se bornait à exprimer sa sollicitude pour le maintien de la paix générale, sans dire un mot des difficultés qui pouvaient la compromettre.

La *Gazette nationale de Berlin* publiait, au commencement de
février, un article intitulé : *Attitude de l'Autriche*, dans lequel
ce journal examinait les conséquences qu'une guerre de l'Autriche avec la France pourrait avoir pour l'Allemagne, s'exprimait ainsi :

« Le premier pas que l'Autriche doit faire, si elle veut se
concilier les sympathies de l'Allemagne, c'est de donner à sa
politique italienne une direction qui permette à l'Allemagne de
s'y associer. Il faut que, dans ce but, l'Autriche commence par

améliorer et affermir la situation de l'Italie, il faut qu'elle conseille énergiquement aux gouvernements faibles de la Péninsule, une réforme des abus ; et il faut que ces gouvernements soient bien convaincus que s'ils résistaient à ces conseils, ils se priveraient par là même de leur dernier protecteur. C'est alors seulement que l'Allemagne pourra juger si véritablement l'Autriche se borne à défendre des possessions que lui garantissent les traités, ou si elle se livre à des vues ambitieuses dont assurément la poursuite ne serait pas dans l'intérêt de la confédération germanique. »

En regard de cette appréciation, il n'est pas inutile de citer l'opinion émise, dans le même moment, par une feuille russe, *l'Abeille du Nord*. Ce journal n'hésitait pas à dire que la guerre pourrait être retardée, mais non évitée, et il faisait les réflexions que voici :

« L'Autriche a cédé aux remontrances des puissances, dans la question de la Servie, et la question de la navigation danubienne ne sera pas non plus un motif de rupture. Reste la question italienne. Ici, trois puissances sont en jeu : le Piémont, l'Autriche et la France. Trop faibles pour lutter seuls, et n'attachant aucun prix aux sympathies éteintes de l'Angleterre, les Italiens ont porté leurs regards vers la France, qui, depuis trois années, s'est trouvée, sur toutes les questions, en dissentiment avec l'Autriche. Quelles sont les puissances qui prendront part à cette lutte ? L'échelle de la baisse dans les différentes bourses de l'Europe peut faire présager que ni la Russie, ni la Turquie, ni l'Angleterre ne se mêleront au conflit ; *les acteurs dans la guerre italienne sont donc l'Autriche, la France et le Piémont.* »

En Angleterre, lord Derby, chef du ministère tory, dans un discours prononcé au parlement, déclarait que personne ne devait s'occuper de la manière dont l'Autriche gouvernait ses possessions d'Italie ; que d'ailleurs, les Lombards-Vénitiens *avaient tort de se plaindre, car l'Autriche faisait tout pour les rendre heureux.* L'éloge de la tyrannie autrichienne, s'il avait été fait à Vienne, ne l'avait certes jamais été ailleurs.

A la vérité, les orateurs de l'une et l'autre chambre, qui prenaient part aux débats engagés devant le parlement anglais sur la question italienne, ne partageaient pas les opinions de lord Derby. M. Disraëli, chancelier de l'échiquier, loin de nier les dangers qui menaçaient de faire explosion en Italie, dangers produits surtout par la mauvaise administration autrichienne, loin de proclamer que la conduite quelle qu'elle fût des gouvernements italiens ne regardait pas l'Angleterre, annonçait que le cabinet de Saint-James avait fortement engagé la France et l'Autriche à rechercher amiablement les moyens de résoudre la question italienne. Et comme s'il eût peu compté sur une telle solution, M. Disraëli ajoutait que la Prusse et la Russie agiraient dans le même sens que l'Angleterre, donnant ainsi à entendre que les grandes puissances seraient disposées à se concerter pour remanier les traités de 1815.

D'autre part, la politique de lord Derby était vivement combattue par le *Morning-Post* et le *Morning-Chronicle* qui se maintenaient dans la ligne de l'opposition, vis-à-vis du ministère tory.

Enfin, tout prouvait que si la généralité des hommes d'État anglais s'inquiétait de ce qui se passait en Italie, la cause personnelle de l'Autriche ne provoquait leur sollicitude en aucune façon.

La France et l'Europe attendaient avec impatience le discours que Sa Majesté Napoléon III allait prononcer, à l'ouverture de la session du corps législatif, fixée au lundi, 7 février. Acclamées avec enthousiasme, par ceux qui les entendirent, les paroles prononcées en cette occasion solennelle par l'Empereur, furent partout accueillies avec une vive adhésion. Ce manifeste dépassa l'attente de l'Europe et même de la France, quoiqu'elles fussent cependant accoutumées à entendre de la bouche de Napoléon III de magnifiques paroles exprimant les plus nobles et les plus généreux sentiments. Au surplus, toute appréciation de ce discours ne pourrait être qu'incomplète ; nous préférons le citer textuellement, en appelant seulement l'attention sur les passages qui ont le plus vivement ému l'assemblée, et dont quelques-uns lui ont communiqué cette sorte d'impression électrique, qui est pour un peuple comme l'avertissement des grandes épreuves et des grandes situations.

« Messieurs les sénateurs,

» Messieurs les députés,

» La France, vous le savez, a vu depuis six ans son bien-être » augmenter, ses richesses s'accroître, ses dissensions intestines » s'éteindre, son prestige se relever, et cependant il surgit par » intervalles, au milieu du calme et de la prospérité générale, » une inquiétude vague, une sourde agitation, qui, sans cause » bien définie, s'emparent de certains esprits et altèrent la con-» fiance publique. Je déplore ces découragements périodiques » sans m'en étonner. Dans une société bouleversée comme la » nôtre par tant de révolutions, le temps seul peut affermir » les convictions, retremper les caractères et créer la foi poli-» tique.

» L'émotion qui vient de se produire, sans apparences de

» dangers imminents, a droit de surprendre, car elle témoi-
» gne en même temps et trop de défiance et trop d'effroi. On
» semble avoir douté, d'un côté, de la modération dont j'ai
» donné tant de preuves; de l'autre, de la puissance réelle de
» la France. Heureusement la masse du peuple est loin de
» subir de pareilles impressions.

» Aujourd'hui, il est de mon devoir de vous exposer de nou-
» veau ce qu'on semble avoir oublié. Quelle a été constamment
» ma politique? Rassurer l'Europe, rendre à la France son vé-
» ritable rang, cimenter étroitement notre alliance avec l'Angle-
» terre et régler avec les puissances continentales de l'Europe
» le degré de mon intimité, d'après la conformité de nos vues
» et la nature de leurs procédés vis-à-vis de la France. (Assen-
» timent général.)

» C'est ainsi qu'à la veille de ma troisième élection, je faisais,
» à Bordeaux, cette déclaration : « l'Empire, c'est la paix ! »
» voulant prouver par là que si l'héritier de l'empereur Napo-
» léon remontait sur le trône, il ne recommencerait pas une
» ère de conquêtes, mais il inaugurerait un système de paix qui
» ne pourrait être troublé que pour la défense des grands in-
» térêts nationaux. (Acclamations générales.)

» Quant à l'alliance de la France et de l'Angleterre, j'ai mis
» toute ma persévérance à la consolider, et j'ai trouvé de l'au-
» tre côté du détroit une heureuse réciprocité de sentiments
» de la part de la reine de la Grande-Bretagne, comme de la
» part des hommes d'Etat de toutes les opinions. Aussi, pour
» atteindre ce but si utile à la paix du monde, ai-je mis sous
» mes pieds, en toute occasion, les souvenirs irritants du passé,
» les attaques de la calomnie, même les préjugés nationaux de
» mon pays. (Profonde sensation.)

» Cette alliance a porté ses fruits. Non seulement nous avons
» acquis ensemble une gloire durable en Orient, mais encore,
» à l'extrémité du monde, nous venons d'ouvrir un immense em-
» pire au progrès de la civilisation et de la religion chrétienne.
» (Bravos !).

» Depuis la conclusion de la paix, nos rapports avec l'empe-
» reur de Russie ont pris le caractère de la plus franche cor-
» dialité, parce que nous avons été d'accord sur tous les points
» en litige. J'ai également à me féliciter de mes relations avec
» la Prusse, qui n'ont cessé d'être animées d'une bienveillance
» mutuelle.

» Le cabinet de Vienne et le mien, au contraire, je le dis
» avec regret, se sont trouvés souvent en dissidence sur les
» questions principales, et il a fallu un grand esprit de concilia-
» tion pour parvenir à les résoudre. Ainsi, par exemple, la re

» constitution des principautés danubiennes n'a pu se terminer
» qu'après de nombreuses difficultés qui ont nui à la pleine sa-
» tisfaction de leurs désirs les plus légitimes; et si l'on me de-
» mandait quel intérêt la France avait dans ces contrées loin-
» taines qu'arrose le Danube, je répondrais *que l'intérêt de la*
» *France est partout où il y a une cause juste et civilisatrice à*
» *faire prévaloir.* (Vive sensation et acclamations générales.)

» Dans cet état de choses, il n'y avait rien d'extraordinaire
» que la France se rapprochât davantage du Piémont, qui avait
» été si dévoué pendant la guerre, si fidèle à notre politique
» pendant la paix.

» L'heureuse union de mon bien-aimé cousin le prince Na-
» poléon avec la fille du roi Victor-Emmanuel n'est donc pas un
» de ces faits insolites auxquels il faille chercher une raison
» cachée, mais la conséquence naturelle de la communauté
» d'intérêts des deux pays et de l'amitié des deux souve-
» rains.

» Depuis quelque temps, l'état de l'Italie et sa situation anor-
» male, où l'ordre ne peut être maintenu par des troupes étran-
» gères, inquiètent justement la diplomatie; ce n'est pas, néan-
» moins, un motif suffisant de croire à la guerre. Que les uns
» l'appellent de tous leurs vœux sans raison légitime; que les
» autres, dans leurs craintes exagérées, se plaisent à montrer
» à la France les périls d'une nouvelle coalition, *je resterai*
» *inébranlable dans la voie du droit, de la justice, de l'hon-*
» *neur national et mon gouvernement ne se laissera ni entraîner*
» *ni intimider, parce que ma politique ne sera jamais ni provo-*
» *catrice ni pusillanime.* Loin de nous donc ces fausses alarmes,
» ces défiances injustes, ces défaillances intéressées. La paix, je
» l'espère, ne sera point troublée. Reprenez donc avec calme le
» cours habituel de vos travaux.

» Je vous ai expliqué franchement l'état de nos relations ex-
» térieures, et cet exposé, conforme à tout ce que je me suis
» efforcé de faire connaître, depuis deux mois, à l'intérieur
» comme à l'étranger, vous prouvera, j'aime à le croire, que ma
» politique n'a pas cessé un instant d'être la même, ferme mais
» conciliante.

» *Aussi, je compte toujours avec confiance sur votre concours,*
» *comme sur l'appui de la nation qui m'a confié ses destinées;*
» *elle sait que jamais un intérêt personnel ou une ambition mes-*
» *quine ne dirigeront mes actions; lorsque, soutenu par le*
» *vœu et le sentiment populaires, on monte les degrés d'un*
» *trône, on s'élève par la plus grave des responsabilités au des-*
» *sus de la région infime où se débattent des intérêts vulgaires,*

» et l'on a pour premiers mobiles, comme pour derniers juges,
» Dieu, sa conscience et la postérité. »

Ce discours produisit une sensation profonde, non seulement
en Italie, mais dans l'Europe entière; le langage calme et digne de l'Empereur des Français fut généralement approuvé.
Les journaux autrichiens l'attaquèrent sur le ton du persiflage;
l'un d'eux, l'Ost-Deutsche-Post, traita les plaintes impériales de
bouderies officielles, et donna à entendre que si Napoléon III
avait montré des vues pacifiques, c'était par suite du langage
tenu par le cabinet de Londres. De semblables attaques et de
pareilles insinuations ne pouvaient qu'attiser le feu, tandis que
les hommes prudents cherchaient à l'éteindre.

La double élection du colonel Couza, à Jassy et à Bucharest,
en qualité d'hospodar de Moldavie et de Valachie, vint faire subir
un nouvel échec à la politique autrichienne, qui avait eu cependant recours à toutes les manœuvres les plus illégales pour
exercer une pression sur les électeurs des deux principautés.
Ainsi, les provinces appelées déjà *unies* en style diplomatique,
manifestaient de nouveau leurs tendances à la réalisation, dans
un temps donné, de cette union qu'elles désiraient, et que l'Autriche et la Porte-Ottomane persistaient seules à ne pas vouloir.

Le gouvernement piémontais, justement inquiet des préparatifs de guerre faits par l'Autriche, et voulant se mettre sur la
défensive, demanda à la chambre des députés l'autorisation de
faire un emprunt de 50 millions. Des débats assez vifs qui eurent lieu à ce sujet, sortit un vote significatif; le projet fut
adopté par une majorité de 116 voix contre 35. M. le comte de
Cavour, principal ministre du roi Victor-Emmanuel, répondant
à l'accusation portée par M. le comte della Margherita contre
le ministère, d'avoir, par son attitude, éveillé les craintes du
gouvernement autrichien, et motivé les apprêts de guerres qui
en étaient la suite, démontra que les provocations venaient de
l'Autriche; que la politique sarde n'avait point été inconsidé-
rée ni provocatrice, mais nationale et italienne. Il prouva que
depuis dix ans, l'Autriche avait élargi sa domination depuis les
rives du Pô jusqu'aux limites avancées de l'Adriatique, jusqu'à
Ancône; augmenté, contrairement aux traités, les fortifications
de Plaisance; que, lorsque cette puissance menaçait, et réunissait armes et armées jusque sur les frontières du Piémont, il
devenait urgent de se mettre sur la défensive et de parer aux
éventualités. Enfin, il déclarait que le Piémont, non seulement
ne provoquerait pas l'Autriche, mais n'exciterait pas non plus
les populations de la Lombardie à commencer la guerre.

Dans le même temps, M. de Cavour adressait à toutes les
chancelleries étrangères, une note-circulaire, dans laquelle il

exposait les motifs des mesures prises par le gouvernement sarde, savoir : la demande d'un emprunt de 50 millions, soumise aux chambres, et le rappel en Piémont des garnisons établies en Sardaigne et au-delà des Alpes ; mesures qui, disait-il loin de renfermer une menace pour la tranquillité de l'Europe, auraient pour résultat de calmer l'agitation en Italie et de rassurer les esprits. Car elles feraient naître la confiance que le Piémont, fort de son bon droit, et aidé par les alliés que la justice de sa cause pouvait seule lui procurer, était prêt à combattre tout élément de désordre dans la Péninsule, de quelque part qu'il vînt, de l'Autriche ou de la révolution.

Comme pour justifier les actes provocateurs que M. de Cavour attribuait avec raison à l'Autriche, la garnison d'Ancône venait d'être renforcée de 5,000 Autrichiens ; Sinigaglia était transformée en place d'armes. On élevait des forts sur toute la ligne de l'Adriatique, du Pô à Ancône ; un navire de guerre stationnait constamment dans la rade de cette ville, où l'état de siège existait de fait.

CHAPITRE VI.

d'abord, puis de l'Angleterre et de la Prusse contre la conduite de l'Autriche. La France se prépare à soutenir le Piémont.

L'évacuation simultanée par la France et l'Autriche, des États pontificaux, avait été proposée comme moyen de conciliation; mais ce n'était pas là une solution de la question italienne. D'ailleurs, cet arrangement eût été tout au désavantage de la France; car nos troupes une fois sorties de Rome, une nouvelle intervention de notre part, en cas de troubles, serait devenue difficile par rapport à l'éloignement; tandis que l'Autriche n'aurait eu, pour ainsi dire, qu'un pas à faire pour être sur les lieux et rétablir son occupation.

Le débat se trouva bientôt amené sur un autre terrain; celui des traités particuliers faits par le gouvernement de Vienne avec plusieurs États italiens, et qui lui assuraient une influence prépondérante sur toutes les parties de la Péninsule qu'embrassaient leurs stipulations. Or, d'une part, la France demandait l'annulation de ces mêmes traités; d'autre part, l'Autriche semblait peu disposée à céder sur ce point.

Nous avons parlé de la circulaire de M. de Cavour; à peu d'intervalle, M. le comte de Buol, ministre des affaires étrangères d'Autriche, publia à son tour une nouvelle circulaire, qui se bornait à une justification complète de la politique autrichienne, et à prouver la nécessité de la conclusion des traités avec les petits souverains de l'Italie dans le but de faire obstacle à la révolution. Comme le lion de la fable, l'Autriche mettait tous les droits de son côté, et prétendait n'avoir fait que veiller au maintien des traités de 1815; tandis qu'au contraire, confisquant ces mêmes traités à son profit, sous prétexte d'en faire respecter la lettre, elle en avait violé l'esprit depuis quarante ans.

M. le comte de Buol arrivait pourtant à une légère concession, en avouant que tout n'était peut-être pas parfait dans les gouvernements de l'Italie méridionale et de l'Italie centrale, et qu'*il y avait quelque chose à faire.* Mais il se hâtait d'ajouter que les réformes à établir ne pouvaient l'être qu'à la consolidation de la paix, c'est-à-dire, lorque l'Autriche jouirait sans conteste des prérogatives qu'elle était parvenue à s'arroger. Enfin, l'Autriche, d'après cette circulaire, ne méditait contre le Piémont aucun projet hostile. Mais de 50,000 hommes, l'armée autrichienne, en Italie, avait été portée à 200,000. Un pareil fait est plus concluant qu'une phrase de circulaire diplomatique.

Cette pièce était datée du 25 février. Quelques jours plus tard, lord Cowley arrivait à Vienne, chargé par le ministère anglais, d'accord avec la France et la Prusse, d'une mission conciliatrice. Bien que rien de précis sur cette négociation n'eût transpiré dans le monde politique, on présumait généralement que l'envoyé anglais aurait à présenter au cabinet de Vienne les propositions suivantes :

1° La double évacuation des Etats romains par la France et par l'Autriche ;

2° La renonciation formelle, de la part de cette dernière puissance, à tous les traités particuliers conclus par elle avec les souverains italiens, postérieurement aux traités généraux de 1815 ;

3° En échange de cette renonciation, les grandes puissances auraient garanti à l'Autriche la possession de la Lombardie. De son côté, l'Autriche s'engageait, pour l'avenir, à n'occuper aucun État de la Péninsule, même sur l'invitation du souverain de cet Etat ;

4° Enfin, les grandes puissances uniraient leurs efforts dans le double but de maintenir l'ordre en Italie, et d'y établir les réformes jugées nécessaires.

Le 5 mars le *Moniteur* publiait une note qui précisait la nature et la limite des engagements pris avec le Piémont, et donnait un démenti formel aux velléités belliqueuses imputées à l'empereur par les correspondants des divers journaux étrangers ; enfin, niait positivement l'existence des préparatifs de guerre signalés si complaisamment et si injustement.

Lord Cowley avait été parfaitement accueilli à la cour de Vienne ; ses pourparlers avec les ministres autrichiens durèrent longtemps ; l'incertitude sur le résultat de sa mission était le thème habituel sur lequel roulaient les commentaires des feuilles politiques françaises et étrangères.

Tantôt, on affirmait que cette mission avait complètement échoué ; tantôt, que lord Cowley avait réussi à poser une base de sérieuses négociations, qui permettraient d'espérer une solution amiable.

Enfin, le résultat fut connu ; la démarche conciliante n'avait eu aucun succès, par suite des mauvaises dispositions de l'Autriche.

Parmi les nombreux Etats de l'Allemagne, quelques-uns semblaient vouloir rester inféodés, quand même, à la politique autrichienne, et paraissaient craindre que la France ne menaçât la nationalité allemande. Ce fut pour repousser ces craintes mal fondées et faire justice d'alarmes irréfléchies, que le *Moniteur* du 15 mars publiait un article dont voici l'analyse :

« Une partie de l'Allemagne présente un spectacle qui afflige et qui étonne.

» La France ne se préoccupe de la situation inquiétante de

l'Italie que pour la résoudre, de concert avec ses alliés, dans l'intérêt du repos de l'Europe. Il lui est impossible de montrer un désir plus sincère de dénouer pacifiquement les difficultés, de prévenir les complications qui résultent toujours du manque de prévoyance et de décision.

» Cela prouve que la défiance d'une partie de l'Allemagne est irréfléchie, injuste, blessante pour la France, attentatoire à l'indépendance de sa politique. La vie d'une grande nation comme la France n'est pas renfermée dans sa frontière. Elle se manifeste dans le monde entier par son action salutaire; elle s'exerce au profit de sa puissance nationale et à l'avantage de la civilisation.

» Quand une nation abdique ce rôle, elle abdique son rang. Lui contester cette légère influence, ce serait méconnaître les droits de la France.

» L'Empereur a su dominer tous les préjugés en montant sur le trône. Que serait-il arrivé si, au lieu de raffermir et de calmer l'Europe, il avait repoussé avec défiance les serviteurs de l'ancienne dynastie? il eût ébranlé le continent en rachetant, au prix de la sécurité et de l'indépendance de l'Europe, les souvenirs de 1814 et 1815.

» Il n'a pas fait cela, et il s'en félicite; la France ne veut pas d'attaques injustes; elle ne rend pas toute l'Allemagne responsable des erreurs ou de la malveillance de quelques manifestations qui répondent plutôt à de mesquins ressentiments qu'à des craintes sérieuses.

» L'Allemagne n'a rien à craindre de nous pour son indépendance. Nous sommes sympathiques à sa nationalité. En se montrant impartiale, elle se montrera prévoyante, et servira mieux la cause de la paix.

» La Prusse l'a compris en s'unissant à l'Angleterre pour faire entendre à Vienne de bons conseils au moment où les agitateurs cherchaient à passionner et à coaliser contre nous la Confédération germanique.

» L'attitude de la Prusse est certainement plus avantageuse à l'Allemagne que l'emportement de ceux qui, en faisant appel aux rancunes et aux préjugés de 1813, s'exposent à irriter en France le sentiment national.

» Le peuple français a la susceptibilité de son honneur, en même temps que la modération de sa force; si on l'excite par la menace, on le calme par la conciliation. »

Il n'est pas besoin de faire remarquer tout ce qu'il y avait de sens, de sage réserve, de modération et de dignité dans cette réponse aux objurgations passionnées et violentes, aux démonstrations hostiles qui s'étaient produites dans plusieurs États de ra Confédération germanique. C'était une sorte de manifeste qui venait donner une nouvelle consécration aux vues et aux intentions exprimées déjà, mais plus implicitement dans la note du 5 mars. Remarquons toutefois que l'article du 15 coincidait avec le retour de lord Cowley et l'arrivée à Paris de M. le comte de Pourtalès, nouvel ambassadeur de Prusse auprès du gouvernement français.

Dès le mois de mars, et presque immédiatement après le retour de Vienne de lord Cowley, on commençait à parler d'un congrès des cinq grandes puissances, à l'effet de traiter de la situation de l'Italie et de résoudre les difficultés qui s'y rattachaient. Le *Moniteur* du 22 mars contenait la note suivante :

« La Russie a proposé la réunion d'un congrès afin de prévenir les complications que l'état de l'Italie pourrait faire surgir et qui seraient de nature à troubler le repos de l'Europe. Ce congrès, qui serait composé des plénipotentiaires de la France, de l'Angleterre, de l'Autriche, de la Prusse et de la Russie, se réunirait dans une ville neutre.

» Le gouvernement de l'Empereur a adhéré à la proposition du cabinet de Saint-Pétersbourg. Les cabinets de Londres, de Vienne et de Berlin, n'ont pas encore répondu officiellement. »

Le lendemain, 23, l'adhésion pure et simple de la Prusse et de l'Angleterre à la proposition faite par la Russie était annoncée. Le *Times* du 24 mars annonçait que l'Autriche avait aussi adhéré à la réunion d'un congrès. L'*Ost-Deutsche-Post* du 25 confirmait cette nouvelle, en ajoutant que l'adhésion de l'Autriche était subordonnée à la condition que la Sardaigne cesserait ses armements extraordinaires, et que le congrès fonctionnerait d'après les principes consignés dans le protocole du dernier congrès d'Aix-la-Chapelle (1818). Cependant, les rangs de l'armée piémontaise se grossissaient chaque jour d'un nombre considérable de volontaires. Beaucoup de jeunes italiens attendaient, pour s'engager, une déclaration de guerre, qu'ils regardaient comme très probable.

Dans le grand-duché de Toscane, des manifestations énergiques se produisaient dans un sens favorable à la politique du Piémont; c'était là un fait significatif qui fournissait une preuve pour elle de l'intensité du mouvement national dans la Péninsule.

La réunion prochaine d'un congrès paraissait probable; on annonçait même que les conférences s'ouvriraient à la fin d'avril. Mais à part la résolution de se réunir en congrès, rien n'était encore décidé, à la fin de mars, entre les grandes puissances; il restait à s'entendre sur les questions qui seraient discutées dans cette réunion, sur le lieu où se tiendraient les conférences; enfin, sur les puissances que l'on admettrait à en faire partie. Plusieurs villes avaient été proposées pour y assembler le congrès; Genève, Aix-la-Chapelle, Bruxelles, Manheim et Baden-Baden. Cette dernière localité semblait avoir le plus de chances d'être choisie.

Mais une question plus difficile à résoudre avait été soulevée comme incident. Le Piémont serait-il ou non représenté au congrès? Le 26 mars, M. de Cavour, premier ministre du roi Victor-Emmanuel, arrivait à Paris, en même temps que M. d'Azeglio, ambassadeur du Piémont près la reine d'Angleterre, y arrivait aussi, venant de Londres; et la concordance de ces deux voyages semblait annoncer qu'il s'agissait pour le chef du cabinet sarde de se mettre d'accord, avant tout, avec les gouvernements français et anglais. La présence de M. de Cavour à Paris avait aussi pour but d'obtenir que le Piémont fût représenté dans le congrès qui allait s'ouvrir. Après cinq jours passés à Paris, temps pendant lequel il fut reçu par S. M. l'Empereur, et eut plusieurs entrevues avec M. le comte Walewski, M. de Cavour repartait pour Turin, où son retour provoquait une démonstration imposante, témoignage éclatant de la confiance et du calme de la population, qui accueillit le premier ministre du Piémont aux cris de: *Vive le roi! vive Cavour! vive l'Italie et vive la France!*

Chaque jour venait augmenter le nombre des volontaires qui, de la Lombardie, de la Vénétie, des duchés de Parme et de Modène, de la Toscane et des Romagnes accouraient prendre du service en Piémont. Bon nombre de gentilshommes lombards s'engageaient, comme simples soldats, dans l'armée piémontaise. De toutes ces contrées, on envoyait en Piémont le produit de nombreuses souscriptions recueillies pour les volontaires.

Une prétention étrange, élevée par l'Autriche, allait paralyser les efforts de la diplomatie, et mettre obstacle à une solution pacifique. Cette puissance exigeait que le désarmement du Piémont précédât la réunion du congrès; condition tout à fait inacceptable, d'autant plus que l'Autriche n'entendait pas désarmer de son côté. D'ailleurs, en adhérant à la proposition de réunion d'un congrès, l'Autriche n'avait pas fait du désarmement préalable du Piémont une condition de son acceptation. Formuler une telle exigence n'était-ce pas retirer cette même acceptation?

Un *memorandum* présenté au gouvernement anglais par M. le comte de Cavour, exposait les griefs de l'Italie contre l'Autriche, et s'efforçait d'établir que la situation faite à la Péninsule, si elle n'était pas contraire aux traités, était du moins attentatoire aux lois de l'humanité et de la civilisation. Il indiquait pourtant comme de nature à écarter les dangers de la révolution et de la guerre, les moyens que voici :

« Création, dans la Lombardo-Vénétie, d'un gouvernement national ; — résiliation des traités particuliers conclus entre l'Autriche et les États italiens ; — évacuation de la Romagne ; — reconnaissance par l'Autriche du principe de non-intervention ; — réformes administratives et politiques en Toscane, à Parme et à Modène ; — séparation administrative des Légations et des autres provinces romaines. »

L'Autriche, au moment même où elle protestait de ses intentions pacifiques, continuait ses armements sur une vaste échelle.

Un nouveau corps de 50,000 hommes partait pour l'Italie ; un autre corps de 60,000 hommes allait être concentré à Vienne ; une réserve de 70,000 hommes était formée en Moravie et en Bohême ; enfin, les réserves de l'armée d'Italie étaient appelées sous les drapeaux.

L'attitude des troupes autrichiennes sur la frontière du Tessin devenait de plus en plus menaçante ; on annonçait même que le général comte Giulay avait fait afficher dans toutes les casernes de Milan un ordre du jour conçu ainsi :

« Soldats autrichiens,

» L'empereur vous appelle sous les drapeaux pour abattre pour la troisième fois l'orgueil du Piémont et dénicher de leur tanière les fanatiques destructeurs de la tranquillité de l'Europe. Allez contre cet ennemi toujours mis en fuite par vous.

» Rappelez-vous les victoires de 1848 et 1849, et enfin Novare, où il fut dispersé et anéanti. Que votre mot d'ordre soit : *Vive l'Empereur et notre bon droit.* »

Tandis que l'Autriche modifiait sa prétention au sujet du désarmement du Piémont en formulant une autre exigence, c'est-à-dire en demandant un désarmement général, l'archiduc Albert se rendait à Berlin. Or, un pareil voyage, entrepris dans les circonstances où l'on se trouvait, se rattachait certainement à un but politique ; l'Autriche voulait faire une tentative vis-à-vis du gouvernement prussien, et le déterminer à lui prêter secours. L'archiduc recevait l'accueil le plus empressé, mais le cabinet de Berlin persistait dans la ligne de conduite qu'il avait adoptée, et refusait de faire cause commune avec l'Autriche dans une question totalement étrangère aux intérêts de la Confédération.

Voici les bases que l'Angleterre avait proposées de donner aux délibérations du congrès : — I. Moyens d'assurer le maintien de la paix entre l'Autriche et la Sardaigne. — II. Évacuation des états romains par les corps étrangers d'occupation, et prise en considération des réformes à opérer dans les états italiens. — III. Une combinaison serait substituée aux traités spéciaux conclus entre l'Autriche et les états italiens. — IV. Il ne serait pas touché aux arrangements territoriaux et aux traités de 1815.

Dans une note adressée par M. le comte de Buol Schauenstein à lord Loftus, l'Autriche demandait qu'elles fussent modifiées ainsi : — *Première*. Le congrès examinerait les moyens de ramener la Sardaigne à l'accomplissement de ses obligations internationales, et les mesures à prendre pour éviter le retour des complications actuelles. — *Deuxième*. La question de l'évacuation des états pontificaux pourrait être discutée, mais le congrès laisserait aux trois puissances directement intéressées les détails de son exécution. La question des réformes administratives pourrait être débattue. On pourrait s'entendre sur les conseils à donner ; mais leur adoption resterait subordonnée aux décisions des états intéressés directement. — *Troisième*. La validité des traités de l'Autriche ne saurait être mise en question ; mais si toutes les puissances représentées au congrès s'accordaient entre elles pour produire leurs traités politiques avec les états italiens, l'Autriche en ferait autant de son côté. Elle s'entendrait avec les gouvernements cointéressés pour qu'ils fussent en mesure de présenter au congrès leurs communs traités, et pour examiner jusqu'à quel point leur révision pourrait être considérée comme utile. — *Quatrième*. Parfaitement entendu qu'il ne serait touché ni aux engagements territoriaux actuels, ni aux traités de 1815, ni à ceux qui avaient été conclus en exécution de ces traités. Enfin, cette note ajoutait une cinquième proposition émanant de l'Autriche et formulée ainsi : Accord pour un désarmement simultané des grandes puissances.

A l'égard de cette question de désarmement général, que l'Autriche soulevait incidemment, on pouvait la regarder comme n'ayant pas une portée sérieuse ; car, à l'exception du Piémont et de l'Autriche, aucune autre puissance n'était sortie des conditions de l'état de paix. La France, par exemple, n'avait pas formé de camp en vue d'une guerre, ni réuni des armées sur ses frontières, ni demandé au pouvoir législatif des crédits extraordinaires pour augmenter ses effectifs.

Il n'en était pas de même de l'Autriche, qui avait mis son armée sur le pied de guerre ; porté de 60,000 à 200,000 hommes son effectif en Italie ; fortifié ses places, réuni ses approvisionnements et se trouvait prête à entrer en campagne, dès que bon lui semblerait.

Quant au Piémont, il avait dû suivre l'exemple de l'Autriche,

et, en face d'armements formidables qui menaçaient son indépendance, prendre toutes les précautions que le soin de sa légitime défense lui conseillait et lui imposait.

La mesure du désarmement demandé ne pouvait donc s'ap-
pliquer qu'à ces deux Etats, puisque eux seuls avaient réellement fait des armements extraordinaires. Fallait-il, pour ob-
tempérer aux exigences toujours nouvelles de l'Autriche, que
la France réduisît le chiffre de son armée de terre, et le gouvernement anglais le chiffre de son armée navale ?

Le 18 avril, la *Gazette piémontaise* publiait la réponse du cabinet sarde au cabinet de Londres, sur la demande adressée
par celui-ci à la Sardaigne, d'adhérer au principe du désarmement général et simultané, avant la réunion du congrès. Voici
le texte de ce document :

« Si la Sardaigne avait été admise au congrès, sur le même
pied que les grandes puissances, elle pourrait, comme la
France, accepter en principe le désarmement général, avec
l'espoir que son assentiment ne produirait pas des conséquences
fâcheuses pour l'Italie. Mais son exclusion du congrès ne lui
permet pas de prendre un tel engagement, et moins que tout
autre, celui réclamé par l'Angleterre.

» Toutefois, afin de concilier les efforts de l'Angleterre avec
la sûreté et le maintien de la tranquillité en Italie, si l'Autriche
cesse d'envoyer de nouvelles troupes en Lombardie, la Sardaigne s'engage :

» 1° A ne pas appeler ses réserves sous les armes, ainsi
qu'elle était décidée à le faire, depuis l'appel des réserves autrichiennes ;

» 2° A ne pas mobiliser son armée qui n'est pas sur le pied
de guerre ;

» 3° A ne pas déplacer les troupes des positions purement
défensives qu'elles occupent depuis trois mois. »

Pour prouver que le Piémont ne nourrissait pas de velléités
ambitieuses, comme on voulait le prétendre, et qu'il n'était
poussé par aucun intérêt dynastique, voici ce que disait M. de
Cavour dans son *memorandum :*

« Que l'Autriche accorde à la Lombardie une constitution
avec une armée nationale, et cela suffira au Piémont; que le
duc de Modène et la duchesse de Parme accordent des institutions à leurs sujets, et le Piémont sera content, et l'Italie pourra
respirer. »

Mais de semblables propositions ne pouvaient pas être acceptées par l'Autriche. Pourquoi ? Parce qu'elle ne pouvait rester
en Italie qu'autant que toute l'Italie serait gouvernée comme
sont gouvernés le duché de Modène et le royaume de Naples.

Ne serait-ce pas chose absurde que de prétendre qu'une nation de vingt-cinq millions d'hommes dût être complètement abrutie, parce que cinq de ces millions se trouvaient sous la domination de l'Autriche?

Le *Moniteur* du 19 avril publiait un article dont voici le résumé :

« Les puissances se sont entendues sur les quatre points suivants comme bases des délibérations du congrès :

» 1º Déterminer les moyens par lesquels la paix peut être maintenue entre l'Autriche et la Sardaigne ; — 2º comment l'évacuation des états romains par les troupes françaises et autrichiennes peut être le mieux effectuée ; — 3º s'il convient d'introduire des réformes dans l'administration intérieure de ces états et des autres états de l'Italie, dont l'administration offrirait des défauts qui tendraient évidemment à créer un état permanent et dangereux de trouble et de mécontentement, et qu'elles seraient ces réformes ; — 4º substituer aux traités entre l'Autriche et les duchés une confédération des états de l'Italie entre eux pour leur protection mutuelle, tant intérieure qu'extérieure.

» Depuis, l'Autriche a réclamé le désarmement de la Sardaigne, puis le désarmement général.

» L'Angleterre a modifié cette réclamation en ce sens, qu'il serait seulement nécessaire d'admettre le principe du désarmement général, sauf à en régler l'exécution lors de l'ouverture du congrès.

» La France a pensé que le Piémont ne pouvait être invité à désarmer, s'il n'était représenté au congrès.

» Sur l'insistance de l'Angleterre, la France, désireuse de témoigner des dispositions conciliantes, a promis de demander au Piémont de désarmer, si cette puissance et tous les autres états italiens étaient invités à faire partie du congrès.

» Dans une circonstance parfaitement analogue, en 1820, aux conférences de Troppau, l'Autriche elle-même prit l'initiative d'une semblable proposition. M. de Metternich, l'un des ex-plénipotentiaires, représenta qu'il était juste et utile d'inviter les divers états italiens à envoyer des plénipotentiaires au congrès qui devait se tenir à Laybach, pour s'occuper des affaires d'Italie. Cet avis fut partagé par toutes les puissances.

» Un tel précédent donne à espérer que la condition dont il vient d'être parlé, si conforme d'ailleurs aux principes de l'équité et aux intérêts de toutes les cours de la Péninsule, rencontrera un assentiment unanime.

» Le gouvernement français a même ajouté que, dans de

semblables conditions, if consentirait au désarmement avant la réunion du congrès.

» Tout fait donc présumer que, si toutes les difficultés ne sont pas encore aplanies, l'entente définitive ne tardera pas à être établie, et que rien ne s'opposera plus à la réunion du congrès. »

Le 21 avril, la feuille officielle publiait la note qui suit :

« L'Angleterre fait aux quatre puissances les propositions ci-après :

« 1° On effectuerait au préalable un désarmement général simultané;

» 2° Le désarmement serait réglé par une commission militaire ou civile, indépendante du congrès. Cette commission se composerait de six commissaires, dont un sarde ;

» 3° Aussitôt que cette commission aurait commencé sa tâche, le congrès se réunirait et procéderait à la discussion des questions politiques;

» 4° Les représentants des Etats italiens seraient invités par le congrès, aussitôt la réunion, à siéger au même titre que les représentants des grandes puissances, absolument comme au congrès de Laybach, en 1821.

» La France, la Russie et la Prusse ont adhéré aux propositions de l'Angleterre. La réponse de l'Autriche est toujours attendue. »

On avait lieu de présumer que l'Autriche, comprenant que les concessions faites à ses exigences continuelles ne pouvaient aller plus loin, adhérerait à son tour aux propositions ci-dessus, qui levaient toutes les difficultés. Cette espérance ne se réalisa cependant pas, et le *Moniteur* du 22 avril publiait la note que voici :

« L'Autriche n'a pas adhéré aux propositions faites par l'Angleterre et acceptées par la France, la Russie et la Prusse.

» En outre, il paraît que le cabinet de Vienne a résolu d'adresser des communications directes à celui de Turin, pour obtenir le désarmement de la Sardaigne.

» En présence de ces faits, l'Empereur a ordonné la concentration de plusieurs divisions sur la frontière du Piémont. »

En même temps, on annonçait, de Turin, à la date du 21 avril, que des mouvements menaçants des Autrichiens s'opéraient sur les frontières; que des troupes étaient attendues sur la route de Milan au Tessin; qu'un avis de l'administration du chemin de fer lombard-vénitien suspendait la marche des trains à partir du 22, et que toutes les machines avaient été rappelées à Milan pour transporter les soldats.

Ainsi, les efforts de la diplomatie venaient d'échouer contre l'opiniâtreté du cabinet de Vienne. La bonne volonté de la France, les tentatives de conciliation de la Russie, de l'Angleterre et de la Prusse n'avaient abouti qu'à retarder la guerre pendant quelque temps.

Les documents suivants étaient publiés par le *Moniteur* du 23:

« L'Autriche a invité la Sardaigne à réduire son armée au pied de paix et à licencier ses volontaires. Cette communication a été apportée à Turin par un aide-de-camp du général Gyulay. Cet officier a été chargé, en outre, de déclarer qu'il attendrait la réponse pendant trois jours, et que toute réponse dilatoire serait considérée comme un refus.

» L'Angleterre et la Russie n'ont pas hésité à protester contre la conduite de l'Autriche en cette circonstance. »

Jusqu'au dernier moment, l'Autriche a leurré les puissances européennes; et son *ultimatum* était préparé dès longtemps à l'avance. L'objet spécial de la mission de l'archiduc Albert, à Berlin, était de proposer à la Prusse de se joindre à cet *ultimatum* sous des conditions que l'on ignore. Cette mission avait échoué, malgré l'archiduc, et sa présence prolongée à Berlin, la Prusse était restée associée aux démarches de l'Angleterre, de la Russie et de la France; elle avait désapprouvé la détermination fatale annoncée par l'archiduc, et en avait laissé à l'Autriche l'entière responsabilité.

Le 23 avril, dans la soirée, le baron Kellerberg arrivait à Turin, porteur de l'*ultimatum*, et devait y attendre la réponse du gouvernement sarde jusqu'à l'expiration du délai fixé.

L'Autriche déclarait ainsi virtuellement la guerre, mais elle se trouvait abandonnée à ses propres forces; car la Russie, la Prusse et l'Angleterre protestaient énergiquement contre sa déloyauté. Le moment des incertitudes était passé. — *Alea jacta est.*

CHAPITRE VII.

SOMMAIRE. — Organisation de l'armée des Alpes et de l'armée d'observation. — Réponse du gouvernement sarde à l'*ultimatum* de l'Autriche. — Exposé présenté par M. le comte Walewski au Corps-Législatif, et réponse de M. de Morny, au message du gouvernement. — Départ des troupes françaises pour l'Italie. — Le grand-duc Léopold quitte la Toscane ; un gouvernement provisoire y est installé. — Proclamation du roi de Piémont à son armée. — Arrivée à Turin du maréchal Canrobert et du général Niel. — Débarquement des Français à Gênes. — Loi qui élève de 100,000 à 140,000 hommes le contingent de la classe de 1858. — Envahissement du territoire sarde par l'armée autrichienne. — Arrivée à Gênes du général Mac-Mahon. — Résumé du manifeste de l'empereur François-Joseph. — Départ du roi de Piémont pour l'armée. — Événements de Parme ; la duchesse-régente part avec ses fils. — Proclamation du général Giulay aux Piémontais. — Marche des Autrichiens ; ils occupent Novare, et se dirigent sur Alexandrie et sur Verceil. — Proclamation de l'Empereur Napoléon III au peuple français. — Ouverture de l'emprunt de 500 millions. — Proclamation du roi Victor-Emmanuel à ses peuples et aux divers peuples de l'Italie. — Bulletin du 5 mai ; affaire de Frassinetto. — Arrivée des troupes françaises à Gênes et à Turin. — Note du Moniteur du 7 mai. — L'état de siège à Plaisance ; arrestations opérées à Milan. — Détails sur l'armée sarde. — Décrets insérés au Moniteur du 10 mai au sujet de la régence. — Départ de l'Empereur et du prince Napoléon ; leur arrivée à Gênes. — L'état de siège à Ancône ; il est levé à la réclamation du pape. — Déprédations commises en Piémont par les armées autrichiennes. — Noms des généraux chefs de corps de l'armée française, et des généraux de division et de brigade. — Proclamation de l'Empereur à l'armée d'Italie.

L'heure des incertitudes est passée ; l'aigle impériale et le drapeau tricolore sont déployés ; un seul sentiment remplit tous les cœurs français : celui de l'honneur national ; et c'est avec satisfaction que l'esprit public accueille l'occasion si longtemps attendue d'effacer avec la pointe de l'épée, ces traités de 1815, douloureux stygmates de nos anciens revers.

Le Moniteur du 23 avril annonçait que S. M. l'Empereur avait réparti le commandement des armées françaises ainsi qu'il suit :

« Armée de Paris, maréchal Magnan.

» Armée d'observation, quartier-général à Nancy, maréchal Pélissier, duc de Malakoff.

» Armée de Lyon, maréchal comte de Castellane.

» Armée des Alpes : 1ᵉʳ corps, maréchal Baraguey-d'Hilliers ; — 2ᵉ corps, général Mac-Mahon ; — 3ᵉ corps, maréchal Canrobert ; — 4ᵉ corps, général Niel.

» Le prince Napoléon commandera un corps séparé.

» Le maréchal Randon est nommé Major-général de l'armée des Alpes.

» Lundi prochain, le corps législatif recevra une communication du gouvernement. »

— La nomination du maréchal Randon à l'emploi de major-général de l'armée des Alpes donnait lieu de conjecturer que Sa Majesté l'Empereur se réservait d'en diriger lui-même les opérations ; car s'il eût dû en être autrement, les fonctions de major-général auraient été remplies par un général de division avec le titre de chef d'état-major.

Vétéran des guerres du premier Empire, le maréchal Baraguey-d'Hilliers s'est illustré en Afrique où il commanda suc cessivement une brigade et une division. Ce fut lui qui, dans la guerre de 1854, remporta la première victoire sous les murs de Bomarsund. Quoique amputé d'un bras, ce vieux guerrier a conservé une activité prodigieuse; sa chevelure grise couvre un volcan; c'est l'un des chefs les plus fermes, les plus énergiques; à une conception facile, il joint la promptitude de la décision.

M. de Mac-Mahon, qui, avant d'être appelé à l'armée des Alpes, commandait en chef nos forces militaires d'Afrique, s'est signalé en Crimée et sur les créneaux de Malakoff. Depuis 1841, époque où il était à la tête d'un bataillon de chasseurs à pied, il a presque continuellement fait campagne. Les soldats l'aiment et sont pleins de confiance en lui.

Ami du maréchal Saint-Arnaud et son successeur dans le commandement de l'armée d'Orient, le maréchal Canrobert est trop connu pour qu'il soit besoin de rappeler les faits d'armes du héros de Znatcha. Tous les soldats de Crimée l'ont vu à l'œuvre; sa bravoure et son dévoûment le désignaient au choix de l'Empereur.

Le général Niel, aide de camp de Sa Majesté, appartient à l'arme du génie, et a pris part à tous les sièges réguliers qui ont livré à nos armes des places fortifiées: Anvers, Constantine, Rome, Bomarsund et Sébastopol. C'est pour la première fois que ce général est appelé à commander un corps d'armée; mais les éminents services qu'il a déjà rendus, justifient la confiance que l'Empereur lui accorde, en le choisissant pour chef du 4e corps.

L'armée d'observation, dont le quartier général sera à Nancy, n'est pas divisée en plusieurs corps, et a pour chef le maréchal Pélissier, duc de Malakoff. Soldat persévérant et toujours heureux dans les campagnes d'Afrique et de Crimée, le maréchal a dû à sa juste réputation d'homme de guerre, la position toute particulière qu'il va occuper. Le poste où la responsabilité pouvait être la plus grande, dans certaines circonstances données, devait appartenir au chef qui a su prouver qu'il savait, au besoin, accepter cette même responsabilité; et c'est pour ce motif que Sa Majesté a confié au maréchal duc de Malakoff le commandement de l'armée d'observation. Depuis 1815, le maréchal Pélissier a vu tous nos champs de bataille: en Espagne, en Grèce, en Belgique, en Afrique et en Crimée. Avec une sentinelle de cette ardeur, de ce calme et de cette forte volonté, la France pourra être tranquille sur le Rhin; la consigne ne sera pas violée.

Le 26 avril, à 5 heures 1/2, M. le comte de Cavour remettait à M. le baron de Kellerberg la réponse du gouvernement Pié-

montais à l'ultimatum de l'Autriche, et à 8 heures d'4 l'envoyé
autrichien partait, accompagné par un officier sarde jusqu'à la
frontière.

A partir de ce moment, les hostilités devaient être regardées
comme effectivement ouvertes ; d'ailleurs, les Autrichiens
n'avaient pas attendu le terme fixé pour commettre des actes
d'agression. En effet, une dépêche datée de Berne, 26 avril,
annonçait que cinq vapeurs sardes, naviguant sur le lac Majeur,
avaient été obligés de se réfugier sur le territoire helvétique, et
de se mettre à l'état du désarmement. La même dépêche portait que beaucoup de nobles Milanais, étaient arrivés à Lugano,
et que de nombreuses arrestations dans la noblesse avaient eu
lieu à Milan.

Le *Moniteur* du 27 donnait le résumé suivant de l'exposé
présenté au corps législatif par M. le comte Walewski, ministre
des affaires étrangères, relativement aux négociations :

« L'exposé passe en revue toutes les phases qui se sont succédé, et arrive à constater que le dernier acte est une agression de la part de l'Autriche. Le ministre déclare que, de
l'ensemble des négociations, il résulte que la France a fait
preuve d'une modération excessive.

« En présence d'un tel état de choses, si la Sardaigne
est menacée et envahie, la France n'hésitera pas à répondre à
l'appel d'une nation alliée au gouvernement de l'Empereur.

« Le gouvernement attend avec calme le cours des événements, et avec la confiance que la conduite qu'il a tenue dans
le cours des phases qui se sont succédé, obtiendra l'assentiment unanime de la France et de l'Europe. »

En réponse à cette communication, M. de Morny, président
du corps législatif prononçait une allocution qui excitait les
applaudissements unanimes de l'Assemblée, et qui se terminait
par ces paroles généreuses :

« Faisons voir aujourd'hui, afin que personne ne s'y mé-
prenne, ni au dedans ni au dehors, qu'en face de l'étranger,
nous sommes tous unis dans une seule pensée : le succès et la
gloire de nos armes. Une fois la lutte engagée, tous les intérêts
matériels se rangent pour faire place au patriotisme; toutes inquiétudes se taisent pour mieux nous laisser entendre la voix de
l'honneur national. *Ne regardons plus en arrière, c'est devant
nous qu'est le drapeau de la France.* »

Les régiments destinés à faire la campagne d'Italie se met-
tent en route ; la foule les accompagne jusqu'aux gares des chemins de fer, et des vœux ardents, auxquels répondent des cris
d'enthousiasme, les suivent dans leur glorieux voyage. A Paris,
à Lyon, partout, l'aspect de nos soldats soulève des acclama-

tions enthousiastes et électrise toutes les imaginations; on proclame avec entraînement la sainteté de la cause que nous allons défendre au-delà des Alpes; des chants patriotiques saluent le drapeau national; le vieil esprit guerrier se réveille plus brillant que jamais, et la France de Napoléon III est redevenue la France de Napoléon 1er!

En mettant le pied sur le sol qu'ils vont défendre, les Français s'y voient accueillis par des démonstrations sympathiques; à chaque halte se renouvellent pour eux de véritables ovations.

A la date du 29 avril, le *Moniteur* publiait une dépêche de Florence, dont suit la teneur :

« Aujourd'hui (27 avril), le grand-duc Léopold a réuni le corps diplomatique et lui a déclaré que, ayant chargé le marquis Lajatozo de former un cabinet, celui-ci et ses amis avaient exigé son abdication. Le grand-duc a ajouté que, ne voulant pas abdiquer et se voyant abandonné par ses troupes, il était décidé à quitter la Toscane.

» Toute la journée, les soldats et la population ont parcouru la ville en chantant des airs patriotiques et en criant : *Vive l'Italie! vive la France!* L'ordre n'a pas été troublé. Ce soir, le grand-duc est parti pour Bologne avec une escorte d'honneur.

» Le gouvernement provisoire est composé pour le moment de MM. Permazzi, Danzini, Malerchini. — On attend demain le général Ulloa qui prendra le commandement des troupes. »

Une dépêche de Turin, datée du 27, annonçait que, dans une proclamation adressée à l'armée par le roi Victor-Emmanuel, ce prince disait que la demande de désarmement faite par l'Autriche, était un outrage à la nation et au roi; que cette demande avait été repoussée; que, rappelant les cris de douleur de l'Italie, Victor-Emmanuel s'exprimait en ces termes :

« Je serai votre capitaine. J'ai appris à connaître votre valeur au champ de bataille, à côté de mon auguste père. Aujourd'hui, vous aurez pour compagnons les vaillants soldats de la France, vos compagnons de la Tchernaïa, que l'empereur vous envoie pour défendre et soutenir une cause juste et civilisatrice. Allons à la victoire! Que notre drapeau vous guide; que notre but comme notre cri de guerre, soit : *Indépendance de l'Italie!* »

A la date du 29, une autre dépêche de Turin contenait ce qui suit :

« Le maréchal Canrobert et le général Niel sont arrivés aujourd'hui. Les troupes françaises continuent de débarquer à Gênes. Une grande partie des divisions de l'armée des Alpes est campée à Suze. — Les Autrichiens réunissent de grandes masses de troupes sur Plaisance.

Le départ du grand-duc de Toscane est confirmé. Une proclamation a été adressée aux Toscans par les commissaires extraordinaires.

« Massa et Carare (de l'état de Modène) se sont placés sous le protectorat de la Sardaigne. »

Le 29 avril, le *Moniteur* publiait une loi qui élevait de 100,000 à 140,000 hommes le contingent de la classe de 1858.

La feuille officielle reproduisait les deux dépêches que voici :

« Turin, 30 avril, 3 heures et demie du soir.

« Les Autrichiens concentrés à Pavie sont entrés hier sur le territoire piémontais, en passant par Gravellone. — Ce matin, d'autres corps ont débarqué à Stresa et Arona, sur le Lac-Majeur. — Le corps d'armée qui a pénétré par Gravellone comptait 20 bataillons et 8 batteries. — Un corps d'armée plus considérable marche de Vigevano sur Mortara. — Le général Mac-Mahon est arrivé à Gênes. »

Voici la substance du manifeste adressé par François-Joseph à toutes les populations de son empire :

« J'ai donné l'ordre à ma brave et fidèle armée de mettre un terme aux attaques qu'un Etat limitrophe, la Sardaigne, exerce au plus haut degré depuis plusieurs années contre les droits incontestables de ma couronne et contre l'intégrité de l'empire qui m'a été confié par la Providence divine. »

Plus loin, il est dit que, malgré *les intentions conciliantes et la générosité* dont l'Autriche a donné des preuves pendant dix années, l'hostilité du Piémont n'a fait qu'augmenter; qu'elle s'est produite, notamment dans les derniers temps, par une extrême agitation, ainsi que par la propagande révolutionnaire.

Le manifeste mentionne les efforts de la diplomatie pour arriver à un arrangement, en ajoutant que le refus du Piémont d'adhérer au désarmement, avait rendu nécessaire le recours aux armes.

Il parle ensuite des horreurs de la guerre; « mais, dit-il, le cœur du monarque doit se taire en présence de l'honneur et du devoir, surtout lorsque l'ennemi armé est sur la frontière, réuni aux partis subversifs dont les projets ne sont autres que de s'approprier les Etats de l'Autriche en Italie; surtout lorsque le souverain de la France, se mêlant sous de vains prétextes aux affaires de la Péninsule italienne, fait marcher ses troupes au secours de notre ennemi, et que déjà plusieurs détachements de son armée ont franchi la frontière de la Sardaigne. »

Enfin, après un appel au patriotisme de l'Autriche, le manifeste finit par ces mots :

« Nous espérons ne pas rester isolés dans cette lutte. Le sol
sur lequel nous combattons est aussi abreuvé par le sang des
peuples frères de l'Allemagne; il a été conquis comme l'un de
ses remparts, et a été maintenu comme tel jusqu'à ce jour.

» C'est sur ce terrain que les ennemis les plus dangereux de
l'Allemagne ont toujours commencé leurs tentatives, afin d'arriver à la destruction de sa force intérieure.

» Le sentiment d'un tel danger existe encore aujourd'hui
dans toutes les contrées de l'Allemagne, d'une frontière à l'autre. En vous énumérant ces dangers communs, je parle comme
prince de la Confédération germanique, et je vous rappelle les
jours glorieux où l'Europe a dû sa délivrance à l'élan enthousiaste de l'Allemagne. Avec l'aide de Dieu, marchons pour
la patrie ! »

Le *Moniteur* du 2 mai publiait la dépêche suivante :

Turin, dimanche soir (1er mai)

« Le roi est parti dans la matinée pour prendre le commandement de l'armée. — Hier, dans la soirée, les Autrichiens,
en nombre restreint, ont occupé Novare. — Aucun mouvement
n'a eu lieu sur Verceil. — Les Autrichiens, en grand nombre,
quittent Plaisance, après y avoir proclamé l'état de siège; ils paraissent se concentrer sur la rive du Pô. — Le général Bouat
est mort, samedi à Suze, d'une attaque d'apoplexie foudroyante.

Vienne (1er mai)

» M. de Banneville, qui représente la France à Vienne, en
l'absence de M. de Bourqueney, est parti hier. »

Le 3, la feuille officielle contenait la dépêche que voici :

Parme, dimanche soir.

« Hier, une manifestation a eu lieu devant le Palais-Royal.
Les officiers, au nom des troupes, ont demandé à se réunir à
l'armée piémontaise. La duchesse régente a quitté Parme ce
matin, après avoir nommé un conseil de régence composé de
ses ministres.

» Les jeunes princes sont également partis ce matin. — L'ordre n'a pas été troublé. »

En entrant dans le Piémont, le comte Giulay, général en chef
de l'armée autrichienne, avait publié une proclamation annonçant aux Piémontais qu'ils seraient traités par son armée *avec
tous les ménagements possibles*. Mais, en même temps, il frappait Novare d'une forte réquisition en subsistances et en fourrages, sous peine d'une amende de valeur quintuple. Au sur

plus, les antécédents de ce général n'étaient pas de nature à garantir ses promesses et à faire croire à sa mansuétude.

Les opérations de l'armée autrichienne commençaient à se dessiner. D'après les dernières dépêches, leur mouvement offensif se portait sur deux points à la fois et embrassait toute la ligne du Tessin, depuis le lac Majeur, d'où sort cette rivière, jusqu'à Pavie, où elle se jette dans le Pô. C'est à 15 lieues de Pavie, à Abbiategrasso, que les ennemis avaient pénétré sur le territoire sarde, se dirigeant sur Novare. Le 30 avril au soir, ils occupaient cette ville, et paraissaient vouloir se porter sur Verceil, une des trois places fortifiées qui protégent Alexandrie, et située sur la rive droite de la Sesia, au confluent du canal venant d'Ivrée sur la Doire Baltée. Un autre corps plus considérable de troupes autrichiennes se dirigeait de Vigevano sur Mortara, c'est-à-dire en descendant le Tessin. Leur manœuvre s'expliquait facilement, car Mortara commande la route d'Alexandrie. Ce fut de là que partit Radetzky, le 20 mars 1849, pour se porter sur Novare. Mortara est à 22 kilomètres de Novare et à 50 d'Alexandrie. Les efforts de l'ennemi se dirigeaient ainsi sur Alexandrie et sur Verceil.

Une dépêche de Turin, en date du 3 mai, annonçait que les Autrichiens occupaient Verceil, et se préparaient à jeter un pont sur la Sesia. La même dépêche confirmait le départ de la duchesse de Parme. Un commissariat provisoire, au nom du roi du Piémont, était constitué.

En France, la date du 3 mai fut marquée par un fait de haute importance ; ce jour là, son Excellence le ministre d'Etat venait lire au Corps-Législatif un message de sa Majesté ; ce message n'était rien moins que la proclamation adressée par l'Empereur au peuple français, et dont voici le texte :

FRANÇAIS !

« L'Autriche, en faisant entrer son armée sur le territoire
» du roi de Sardaigne, notre allié, nous déclare la guerre. Elle
» viole ainsi les traités, la justice et menace nos frontières. Tou-
» tes les grandes puissances ont protesté contre cette agres-
» sion.

» Le Piémont ayant accepté les conditions qui devaient as-
» surer la paix, on se demande quelle peut être la raison de
» cette invasion soudaine.

» C'est que l'Autriche a amené les choses à cette extrémité
» qu'il faut qu'elle domine jusqu'aux Alpes ou que l'Italie soit
» libre jusqu'à l'Adriatique ; car, dans ce pays, tout coin de ter-
» re demeuré indépendant est un danger pour son pouvoir.

» Jusqu'ici, la modération a été la règle de ma conduite ;

» maintenant, l'énergie devient mon premier devoir. Que la
» France s'arme et dise résolùment à l'Europe : Je ne veux
» pas de conquête, mais je veux maintenir sans foiblesse ma
» politique nationale et traditionnelle; j'observe les traités à
» condition qu'on ne les violera pas contre moi; je res-
» pecte le territoire et les droits des puissances neutres, mais
» j'avoue hautement ma sympathie pour un peuple dont l'his-
» toire se confond avec la nôtre et qui gémit sous l'oppression
» étrangère.

» La France a montré sa haine contre l'anarchie. Elle n'a
» voulu me donner un pouvoir assez fort pour réduire à l'im-
» puissance les fauteurs de désordre et les hommes incorrigibles
» de ces anciens partis qu'on voit sans cesse pactiser avec nos
» ennemis. Mais elle n'a pas pour cela abdiqué son rôle civili-
» sateur. Ses alliés naturels ont toujours été ceux qui veulent l'a-
» mélioration de l'humanité, et quand elle tire l'épée, ce n'est
» point pour dominer, mais pour affranchir.

» Le but de cette guerre est donc de rendre l'Italie à elle-
» même et non de la faire changer de maître, et nous aurons à
» nos frontières un peuple ami qui nous devra son indépendance.

» Nous n'allons pas en Italie fomenter le désordre ni ébran-
» ler le pouvoir du Saint-Siége, que nous avons replacé sur son
» trône, mais le soustraire à cette pression étrangère qui s'appe-
» santit sur toute la Péninsule, contribuer à y fonder l'ordre
» sur des intérêts légitimes satisfaits.

» Nous allons enfin sur cette terre classique, illustrée par
» tant de victoires, retrouver les traces de nos pères; Dieu
» fasse que nous soyons dignes d'eux !

» Je vais bientôt me mettre à la tête de l'armée. Je laisse en
» France l'Impératrice et mon Fils. Secondée par l'expérience
» et les lumières du dernier frère de l'Empereur, elle saura se
» montrer à la hauteur de sa mission.

» Je les confie à la valeur de l'armée qui reste en France pour
» veiller sur nos frontières, comme pour protéger le foyer do-
» mestique. Je les confie au patriotisme de la garde nationale.
» Je les confie enfin au peuple tout entier, qui les entourera
» de cet amour et de ce dévoûment dont je reçois chaque jour
» tant de preuves.

» COURAGE DONC, ET UNION !

» Notre pays va encore montrer au monde qu'il n'a pas dé-
» généré. La Providence bénira nos efforts, car elle est sainte
» aux yeux de Dieu la cause qui s'appuie sur la justice, l'huma-
» nité, l'amour de la patrie et de l'indépendance.

» NAPOLÉON. »

Cet appel à la fois émouvant et sobre que Napoléon III faisait au patriotisme de la nation, retentit dans toutes des âmes. Au corps législatif, des acclamations unanimes accueillirent chaque passage de cette proclamation dont tous les mots portent coup; car tous sont coulés en bronze dans ce style austère et juste qui semble héréditaire parmi les souverains de la dynastie napoléonienne. A Paris, comme dans les départements, dès que le manifeste impérial eut été publié par les soins de l'autorité, des groupes nombreux se pressèrent autour des affiches, et les témoignages d'approbation éclatèrent de toutes parts. Cette fois, comme toujours, la parole de Napoléon III était allée au cœur de la France; elle imprimait un nouvel élan à l'enthousiasme et ravivait dans tous les esprits le sentiment sacré de l'honneur national! Après le manifeste de l'Empereur, lecture fut donnée au corps législatif, par M. le comte Walewski, de la déclaration suivante:

« Messieurs,

» J'ai eu l'honneur de présenter au corps législatif l'exposé des négociations suivies par les puissances jusqu'au moment où l'Autriche, séparant son action de celle des autres cabinets, a pris la résolution d'adresser à la Sardaigne un ultimatum énonçant, s'il n'y était satisfait, l'intention de recourir à l'emploi des armes.

» Le gouvernement de l'Empereur n'a pas voulu laisser ignorer à la cour d'Autriche comment il envisageait cette éventualité, et le chargé d'affaires de Sa Majesté à Vienne a prévenu, dès le 26 du mois dernier, le gouvernement autrichien, que, si ses troupes franchissaient la frontière du Piémont, la France serait obligée de considérer cette invasion d'un pays allié comme une déclaration de guerre.

» La cour d'Autriche ayant persisté à employer la force, et ses troupes étant entrées le 29 sur le territoire sarde, l'Empereur m'a ordonné de porter à la connaissance du corps législatif ce fait qui constitue l'Autriche en état de guerre avec la France. »

Le 4 mai, on lisait dans le *Moniteur :*

« Les engagements volontaires de deux ans seront maintenant acceptés.

» Un arrêté ministériel permet le remplacement des militaires par voie administrative, avec prime de 2,000 fr. pour sept ans.

» Ouverture de l'emprunt de 500 millions de francs par voie de souscripti   ionale. (La feuille officielle indiquait en même temps, le cours d'émission, le mode de versements et le chiffre *minimum* des souscriptions.)

Des régiments français arrivaient à Turin d'heure en heure, mais s'y arrêtaient peu, et partaient dans diverses directions. Nos soldats, accueillis par les plus chaleureuses démonstrations, y répondaient par l'impatience qu'ils témoignaient de se voir bientôt en face des Autrichiens.

A côté du manifeste de l'Empereur d'Autriche et de la proclamation de Napoléon III, il convient de placer la proclamation du roi Victor-Emmanuel II, adressée, soit aux Piémontais, soit aux peuples de l'Italie, et qui n'est pas moins remarquable par son énergie que par les nobles sentiments qui y sont exprimés.

« Peuples du royaume,

» L'Autriche nous attaque avec une puissante armée qu'elle a réunie dans les malheureuses provinces soumises à sa domination, avec l'intention de nous détruire.

» Ne pouvant supporter le contact de nos libres institutions, ne voulant pas soumettre au jugement d'un congrès européen les maux et dangers dont elle seule est cause en Italie, l'Autriche viole la parole qu'elle a donnée à la Grande-Bretagne, et fait un *casus belli* d'une loi d'honneur.

» L'Autriche ose demander le désarmement de nos troupes, et qu'on livre à sa discrétion cette courageuse jeunesse accourue de tous les coins de l'Italie pour défendre la bannière sacrée de l'indépendance nationale.

» Gardien jaloux du patrimoine d'honneur et de gloire que m'ont légué mes ancêtres, je donne la régence de l'État à mon bien-aimé cousin, le prince Eugène, et je reprends l'épée.

» A côté de vous se battront pour la liberté et la justice les intrépides soldats de l'Empereur Napoléon III, mon généreux allié.

» Peuples d'Italie !

» L'Autriche attaque le Piémont, parce que j'ai défendu la cause de la liberté italienne dans le congrès européen, parce que je n'ai point été insensible à ses cris de douleur. Elle déchire aujourd'hui violemment les traités qu'elle n'a jamais respectés.

» La nation italienne est donc aujourd'hui dans son droit, et je puis, en pleine conscience, remplir le vœu que j'ai fait sur la tombe de mon magnanime père ! En prenant en main l'épée pour défendre mon trône, la liberté de mes peuples, l'honneur du nom italien, je combats pour les droits de toute la nation.

» Ayons confiance en Dieu et à notre union; ayons confiance dans le courage des soldats italiens et dans l'alliance de la noble nation française; ayons enfin confiance dans la justice de l'opinion publique.

» Ma seule ambition est d'être le premier soldat de l'indépendance italienne. Vive l'Italie!

» VICTOR-EMMANUEL. »

Une dépêche de Turin, du 5 mai, annonçait, d'après le bulletin officiel, que la tentative du passage du Pô par les Autrichiens, à Frassineito, avait commencé le 3; qu'un combat s'était livré entre les troupes piémontaises et autrichiennes, que le feu avait duré quinze heures; et que l'affaire, recommencée le lendemain, s'était prolongée jusqu'au soir. Les pertes des Autrichiens ont surpassé de beaucoup celles des Piémontais.

A Gênes, le débarquement des Français continuait du matin au soir, sans désemparer. Dès le 2 mai, cette ville possédait un échantillon de toutes nos troupes : artillerie, génie, garde impériale, zouaves, turcos, chasseurs de Vincennes, régiments de ligne, en un mot, tous les uniformes de l'armée française. Mais on attendait encore le matériel, canons, munitions, etc., et l'on ne pouvait détacher des régiments qui n'auraient pas été soutenus par la cavalerie et par l'artillerie. Toutefois l'administration s'était emparée exclusivement des chemins de fer, et les troupes arrivées à Gênes s'échelonnaient sur la route d'Alexandrie, pour faire place à celles qui arrivaient continuellement. D'autres troupes françaises arrivant par la voie de terre, traversaient Turin en chemin de fer; d'autres, enfin, se dirigeaient vers Suze par le Mont-Cenis et le Mont-Genèvre; partout sur le passage, elles recevaient de la population l'accueil le plus empressé. C'est en chantant que nos soldats se rendaient sur le champ de bataille.

M. le maréchal Randon avait été désigné primitivement pour remplir les fonctions de major-général à l'armée d'Italie. Le *Moniteur* du 7 mai annonçait que cet emploi serait tenu par le maréchal Vaillant, tandis que le maréchal Randon prendrait le portefeuille de la guerre. La feuille officielle publiait, à la même date, une note ainsi conçue :

« Il est inexact que la France ait réuni une armée sur le Rhin. Nos garnisons de l'est n'ont pas été augmentées d'un seul régiment.

» Si l'Empereur a investi un illustre maréchal du titre de

commandant de l'armée d'observation, c'était pour indiquer que si nos frontières étaient menacées, toutes les garnisons de l'est formeraient une armée sous le commandement du duc de Malakoff.

A Plaisance, les Autrichiens décrétaient l'état de siége, avec des rigueurs dont on n'a pas d'exemple. Milan était également soumis à l'état de siége, et de nombreuses arrestations y avaient été faites.

Voici quelques détails sur l'armée piémontaise.

Le roi en est le chef; le général de la Marmora commande sous les ordres de S. M. Le général Della Rocca est chef d'état-major et premier aide-de-camp du roi. Les autres aides-de-camp de S. M. sont : les généraux Solaroli, d'Angrogna, Garderina; les colonels Cigola, Sanfront, Morozzo; ce dernier remplit en outre l'emploi d'intendant militaire en campagne. Les officiers d'ordonnance sont : les majors Najni, Castellengo, de Bioler; les capitaines Balbo, Cocconito, Riceardi, Jacquier, Deforaz, et le comte de Robilant, qui eut le poignet emporté par la mitraille, à Novare, en 1849.

L'armée est composée de 20 régiments de ligne au grand complet, formant 60 mille hommes; 12 bataillons de chasseurs, bersaglieri; 9,600 hommes; un régiment du génie; deux d'artillerie; de 7 à 8,000 hommes; neuf régiments de cavalerie, 4,500 chevaux; un fort régiment de proviande, pour les vivres et les transports. Puis, l'intendance militaire, le service des subsistances, etc., etc.; le tout très bien organisé.

Les généraux de division sont : Durando, qui, en 1848, fit une bonne sortie de Vicence; Fanti et Cialdini, réfugiés Modenais, qui se distinguèrent en Crimée; Castelborgo; Cucchiari, de Carrare, aussi réfugié; et le général Sambuy, qui commande la cavalerie et se conduisit vaillamment dans les campagnes de 1848 et 1849. Le général Menabrea, qui commande le génie, jouit d'une haute réputation de capacité.

Parmi les généraux de brigade, on signale Villamarina, Arnaldi, Mollard, de Sonnaz, et d'autres.

Une dépêche de Turin, datée du 9 mai, constatait, d'après le Bulletin officiel, que l'ennemi s'était avancé de Verceil sur Ivrée, et avait fortifié la ligne de la Sesia; que, dans une reconnaissance de la tête du pont de Casale, les Autrichiens, vivement attaqués par les Piémontais, s'étaient retirés; mais qu'ils s'approchaient de nouveau sur la rive gauche du Pô, et avaient fait sauter deux arches du pont de Valence.

La partie officielle du Moniteur, du 10 mai, renfermait deux décrets : l'un, conférant la régence à l'Impératrice pendant l'absence de l'Empereur; l'autre, portant que la régente aurait à prendre l'avis de S. A. I. le prince Jérôme sur les décrets et résolutions qui pourraient lui être soumis, et conférant à ce même prince le droit de présider en l'absence de l'Impératrice régente, le conseil des ministres et le conseil privé.

Le 10 mai, à six heures du soir, l'Empereur quittait Paris avec le prince Napoléon, salué à son départ par les vœux les plus ardents et les acclamations les plus enthousiastes. Le convoi impérial arrivait le lendemain matin 11, à la gare de Perrache, à Lyon. Sa Majesté recevait, sans descendre de voiture, M. le sénateur Vaïsse, et des principales autorités ; M. le maréchal de Castellane devait accompagner l'Empereur jusqu'aux limites de son commandement. Arrivé à cinq heures moins un quart, le train repartait au bout de demi-heure. A 11 heures trois quarts, S. M. était à Marseille, et s'embarquait immédiatement pour Gênes, sur le yacht impérial la *Reine-Hortense*, accueillie partout sur son passage par mille cris répétés de : *Vive l'Empereur, vive le libérateur de l'Italie !* Le 12, à deux heures de l'après-midi, Sa Majesté débarquait à la darse de Gênes, et de là se rendait directement au Palais Royal, accompagnée du prince de Carignan, du comte de Cavour et du prince de Latour-d'Auvergne. Au moment où elle se montrait au balcon du Palais, la population, rassemblée en foule, la saluait par d'enthousiastes applaudissements.

L'arrivée inopinée des troupes françaises sur deux points différents et opposés, avait donné lieu à un revirement complet dans le plan de campagne du général Giulay, qui ne songeait plus qu'à se fortifier. Le *Moniteur* du 11 annonçait que les Autrichiens avaient mis en état de siége Ancône et son territoire ; que le gouvernement romain avait envoyé à Vienne une réclamation par voie télégraphique, en annonçant que si l'état de siége n'était pas levé immédiatement, le pape protesterait solennellement et rappellerait toutes les autorités pontificales. Mais dès le lendemain, 12, la feuille officielle publiait une dépêche de Rome, datée du 10, annonçant la levée de l'état de siége mis sur Ancône, en vertu d'ordres reçus de Vienne.

Cependant, les troupes autrichiennes continuaient à commettre sur le territoire piémontais les déprédations qui avaient déjà motivé, de la part du roi Victor-Emmanuel, des plaintes énergiques adressées au général Giulay, et dont celui-ci paraissait ne vouloir tenir aucun compte.

Ces razzias n'étaient pas faites seulement en vue des besoins immédiats de l'armée autrichienne, mais pour l'approvisionnement des magasins de la Lombardie. Les pillards dévalisaient littéralement les propriétés piémontaises et mettaient en sûreté leur butin. Chaque jour, de longues files de charrettes, chargées de foin, de légumes, de grains et de denrées de toute espèce, passaient par Novare et Vigevano, à la destination de la rive gauche du Tessin. Ne pouvant payer ce qu'ils prenaient, faute de numéraire, les soldats autrichiens renouvelaient la guerre des anciens barbares. A dire vrai, s'abattre sur le Piémont et l'exploiter à blanc était leur seule ressource ; car, par des réquisitions dans les campagnes de la Lombardie, ils se seraient exposés à provoquer le soulèvement général des paysans.

Lorsque l'empereur Napoléon arrivait en Italie, l'armée autrichienne était passée de l'offensive à la défensive, et se trouvait concentrée entre la Sesia, le Tessin et le Pô. Les opérations militaires allaient bientôt marcher rapidement. A ce moment où notre armée d'Italie entrait en campagne sous le commandement en chef de l'Empereur, il convient de constater que les différents corps de toutes armes dont elle se composait étaient organisés sur le pied du plus grand complet de guerre (personnel et matériel).

Voici la liste nominative des généraux placés à la tête de nos soldats, suivant l'ordre d'ancienneté de grade :

Maréchaux de France et généraux commandants de corps d'armée.

S. A. I. le prince Napoléon.
Maréchal Vaillant.
Maréchal Baraguay-d'Hilliers.
Maréchal Canrobert.

Général de divison Régnaud de Saint-Jean-d'Angély.
Général de division de Mac-Mahon.
Général de division Niel.

Généraux de division.

Renauld.	De Cotte.	Vinoy.
Roguet.	De Luzy de Pellissac.	Bazaine.
Herbillon.	D'Autemarre d'Erville.	De Failly.
Morris.	De Martimprey (Charles-Edmond).	De Montebello.
Forey.		Bourbaki.
Camou.	Mellinet.	Le Bœuf.
Ladmirault.	De la Motterouge.	Frossard.
Partouneaux.	Uhrich.	Desvaux.
De Goyon.	Espinasse.	Trochu.

Généraux de brigade.

Baron Richepance.	Chauchard.	Cauvin du Bourguet.
Foltz.	Granchamp.	De Sevelinges.
De Cassaignolles.	De Martimprey (Ang.-A.).	Soleille.
Genestet de Planhol.	Verget.	Yvelin de Béville.
Gaudin de Villaine.	Beuret (Georges).	Manèque.
Marquis de Forton.	Niol.	Jannin.
Baron Marion.	Cler.	Dumont.
De Beaufort d'Hautpoul.	De Champeron.	Blanchard.
Bouteilloux.	De Wimpffen.	Picard.

Goze,	Borgella.	Roze,
Décaen.	De Négrier.	Fiéreck.
Colin...	Courtois Roussel d'Hurbal.	Saurin.
Forgeol...	Bataille.	Delmas de Lapérouse.
Comte de Clérambault.	Colineau.	Gault.
Ladreit de La Charrière.	Baret de Rouvray.	Lefèbre.
Douay.	Baron Neigre.	Lebrun.
Prince de La Moskowa.	Lenoble.	De Castagny.
Fleury.	Corréard.	De Bonnet Maurelhan
Auger.	Ducrot.	Polhès.
O'Farrel...		

C'est de la ville célèbre où naquirent André Doria et Christophe Colomb, que l'empereur Napoléon III adressait à l'armée dont il allait prendre le commandement, la proclamation suivante :

PROCLAMATION A L'ARMÉE D'ITALIE.

ORDRE DU JOUR.

« Soldats !

» Je viens me mettre à votre tête pour vous conduire au combat. Nous allons seconder la lutte d'un peuple revendiquant son indépendance et le soustraire à l'oppression étrangère. C'est une cause sainte, qui a les sympathies du monde civilisé.

» Je n'ai pas besoin de stimuler votre ardeur : chaque étape vous rappellera une victoire; dans la voie sacrée de l'ancienne Rome, les inscriptions se pressaient sur le marbre pour rappeler au peuple ses hauts faits; de même aujourd'hui, en passant par Mondovi, Marengo, Lodi, Castiglione, Arcole, Rivoli, vous marcherez dans une autre voie sacrée, au milieu de ces glorieux souvenirs.

» Conservez cette discipline sévère qui est l'honneur de l'armée. Ici, ne l'oubliez pas, il n'y a d'ennemis que ceux qui se battent contre vous. Dans la bataille, demeurez compacts et n'abandonnez pas vos rangs pour courir en avant. Défiez-vous d'un trop grand élan. C'est la seule chose que je redoute.

» Les nouvelles armes de précision ne sont dangereuses que de loin, elles n'empêchent pas la baïonnette d'être, comme autrefois, l'arme terrible de l'infanterie française.

» Soldats, faisons tous notre devoir, et mettons en Dieu notre confiance. La patrie attend beaucoup de vous. Déjà, d'un bout de la France à l'autre, retentissent ces paroles d'un heureux augure : La nouvelle armée d'Italie sera digne de sa sœur aînée.

NAPOLÉON.

Gênes, 12 mai 1859.

Jusqu'à ce jour, si l'on excepte Frassinetto, où les Piémontais avaient repoussé vigoureusement l'ennemi; et Tortone, où le général Mac-Mahon l'avait surpris et chassé l'épée aux reins, mais s'était vu dans l'impossibilité de le poursuivre, faute de cavalerie, les engagements entre les parties belligérantes s'étaient bornés à des escarmouches de peu d'importance. Les Autrichiens continuaient leur mouvement de retraite; mais tout annonçait que de grandes batailles ne tarderaient pas de se livrer.

CHAPITRE VIII.

Les bulletins des 13, 14 et 15 mai, ne mentionnaient aucun fait saillant accompli sur le théâtre de la guerre. Seulement, le mouvement de retraite des ennemis devenait plus marqué à mesure que nos divisions entraient en ligne. A la date du 15 mai, une dépêche, datée d'Alexandrie, portait que l'Empereur Napoléon III était dans cette ville et y avait établi son quartier général. A son arrivée dans cette ville, il avait été salué par de chaleureuses démonstrations. Un arc de triomphe portait cette inscription : *à l'héritier du vainqueur de Marengo.* S. M. le roi de Piémont, arrivé aussi à Alexandrie, était allé à la rencontre de l'Empereur. On annonçait aussi qu'après s'être avancés jusqu'à Bobbio, avoir occupé cette localité et levé de fortes réquisitions, les Autrichiens s'étaient retirés. Les Piémontais, de leur côté, avaient poussé deux reconnaissances sous Verceil, mais sans résultat.

Le *Moniteur* du 17 publiait la dépêche suivante, datée d'Alexandrie (16 mai) :

« La pluie tombe depuis deux jours ; mais le mauvais temps n'a pas empêché les troupes de prendre les positions qui leur ont été assignées par l'Empereur, dont le quartier-général est toujours à Alexandrie. »

Le même jour, la feuille officielle contenait un rapport sur l'emprunt des 500 millions. Il résultait de ce document que le capital souscrit s'était élevé à 2 milliards 307 millions, dont 80 millions en coupures de 10 fr. Le nombre des souscripteurs était de 525 mille. Dans son rapport, le ministre faisait remarquer combien était imposante cette manifestation de l'opinion publique, et combien de pareils résultats prouvaient la solidité de notre système financier, en montrant tout à la fois la richesse, le patriotisme de la France, et l'intimité de l'union qui existait entre le pays et son souverain.

A la date du 19, le *Moniteur* reproduisait une dépêche d'Alexandrie, du 18, et ainsi conçue : « L'organisation de l'armée se poursuit activement. On termine la réparation des routes, ponts, voies ferrées, que l'ennemi avait dégradés. Les Autrichiens continuent leurs exactions à Verceil ; la population consternée est hors d'état de satisfaire à tant d'exigences. La nuit dernière, une trentaine d'Autrichiens ont escaladé la brèche du pont de Valenza, et essayé sans succès d'enlever un petit poste de huit hommes. »

A la même date, on écrivait de Turin que nos troupes s'étaient avancées jusqu'à Voghera ; que, du côté de Verceil, elles étaient arrivées jusque sous les murs de la ville. On croyait une lutte imminente.

Une dépêche d'Alexandrie, du 19, insérée au *Moniteur* du 20, annonçait : « L'Empereur a inspecté les positions des 1er et 3e corps d'armée, à Tortone et à Pontecurone. Hier, les Autrichiens ont essayé de fortifier une maison sur la rive gauche du Pô, afin de faire des retranchements pour nous disputer le passage du fleuve en face de Valence (1). Quelques coups de canon français, tirés à une distance de 2,600 mètres, ont suffi

(1) Valence, ou Valenza, est une ville d'environ 6,000 âmes, perchée au sommet d'une colline. A ses pieds coule le Pô, dans une vallée splendide couverte de vignes et de mûriers. Par le chemin de fer, Valenza est à 40 minutes de Casale.

pour les déloger de cet abri, qu'ils ont abandonné ce matin à onze heures.

» En se retirant de Verceil, les Autrichiens ont fait sauter deux arches du pont de la Sesia.

» Trois divisions sardes avaient passé le Pô en face de Casale. Un mouvement extraordinaire régnait sur la ligne de Gênes à Alexandrie. »

Cependant les réquisitions faites en Piémont par le général Giulay, ne donnant plus de résultats, les approvisionnements de l'armée autrichienne devenaient rares, et les soldats de l'empereur François-Joseph se voyaient à la veille de souffrir eux-mêmes du mal qu'ils avaient causé à des populations désarmées. L'Autriche frappait en même temps la Lombardie d'un nouvel emprunt de 75 millions de florins. Ce dernier acte de spoliation, dans l'opinion générale, était l'adieu du gouvernement autrichien à la Lombardie, à ce pays qu'il se voyait à la veille d'abandonner, et dont il a tiré 200 millions par an depuis 1848 !

Le *Moniteur* du 21 mai publiait ce qui suit :

« Alexandrie, 20 mai (soir).

» L'Empereur est allé à Casale, où le Roi l'attendait. LL. MM. ont visité ensemble les fortifications et les avant-postes. L'Empereur est ensuite revenu à Alexandrie.

» Dans l'après-midi, l'Empereur a visité le champ de bataille de Marengo. S. M. est en bonne santé. L'état sanitaire de l'armée ne laisse rien à désirer. »

Enfin, la campagne s'était définitivement ouverte par un combat heureux, et le Dieu des armées avait manifestement protégé les armes françaises.

Le 22 mai, la dépêche suivante était affichée :

L'EMPEREUR A L'IMPÉRATRICE.

« Alexandrie, 21 mai.

» Les Autrichiens, au nombre de 15,000 environ, ont attaqué les avant-postes du corps du général Baraguay-d'Hilliers. Ils ont été repoussés par la division Forey, qui s'est admirablement conduite et a enlevé le village de Montebello, après un combat acharné de quatre heures. — La cavalerie piémontaise, sous les ordres du général Sonnaz, a montré une énergie peu commune. — 200 Autrichiens, parmi lesquels se trouve un colonel, ont été faits prisonniers. Les Français ont eu 500 tués ou blessés. — Les Autrichiens battent en retraite depuis hier soir. »

Le *Moniteur* du 22 publiait ce qui suit :

Complément de l'affaire de Montebello. — « Les Français

comptent de 5 à 600 tués ou blessés. Le général Beuret et le commandant Duchet sont au nombre des morts. Trois colonels, MM. Delespart, Bellefonds et Conseil-Duménil, deux commandants, MM. Lacretelle et Ferussac sont blessés. Les pertes de l'ennemi s'élèvent à plus de 2,000 hommes. — L'Empereur s'est rendu à Voghera; il a visité les hôpitaux, où les blessés autrichiens ont été recueillis avec les blessés français et reçoivent les mêmes soins. »

Montebello, où avait eu lieu l'engagement dont il est parlé dans ces dépêches, était déjà célèbre dans nos fastes militaires. Ce village, situé sur la rive droite du Coppo, à 9 kilomètres de Voghera, et tout près de Casteggio, sur la route qui relie ces deux villes, est le même que celui où, le 9 juin 1800, le général Lannes battit les Autrichiens commandés par Mélas, et préludait, par une victoire dont il prit depuis le nom glorieux, à la brillante journée de Marengo !

Deux brigades composaient les troupes françaises engagées dans le combat de Montebello; l'une (celle du général Beuret), formée du 74ᵉ et du 84ᵉ de ligne; l'autre (sous les ordres du général Blanchard), comprenant les 91ᵉ et 98ᵉ de ligne, ainsi que le 17ᵉ bataillon de chasseurs à pied.

Le *Bulletin officiel* de Turin, du 22, ajoutait les détails ci-après :

« Les nouvelles de Voghera, d'aujourd'hui, assurent que l'ennemi se retire en déroute vers Stradella. Des voitures de blessés et des troupes en retraite passent le pont de Stradella. — L'extrême gauche de notre armée, commandée par le général Cialdini, a forcé admirablement le passage de la Sesia, près Verceil. L'ennemi a été mis en fuite, laissant prisonniers des officiers et des soldats, et abandonnant des armes, des chevaux et des chars. »

Une dépêche datée d'Alexandrie, du 21 mai, annonçait que l'ennemi avait enfin évacué Verceil; mais que son séjour prolongé avait laissé les habitants de cette ville dans un dénûment affreux; que l'armée piémontaise et le roi Victor-Emmanuel s'étaient portés sur Verceil, et l'occupaient; enfin, que nos avant-postes, sur la droite, avaient dépassé Voghera.

Le 5ᵉ corps de l'armée française, sous les ordres du prince Napoléon, s'était embarqué à Gênes pour la Toscane et était arrivé le 23 à Livourne, où l'entrée des Français avait excité des transports d'enthousiasme, et donné lieu à une illumination.

Ce corps devait opérer en Toscane et dans les duchés, dans le but probablement de prendre les Autrichiens en flanc, pendant que les forces combinées de la France et de la Sardaigne prendraient l'offensive sur la frontière de la Lombardie. Avant de toucher le rivage toscan, le prince adressait aux habitants du pays une proclamation dans laquelle il annonçait : Qu'il était envoyé par l'Empereur, pour soutenir la guerre contre les oppresseurs de l'Italie. — Que la seule ambition de Napoléon III était de faire triompher la cause sacrée de l'affranchissement d'un peuple, sans se préoccuper des intérêts de famille. — Que le résultat de la victoire serait, pour l'Italie, le droit de se constituer librement.

En vain, pour dissimuler l'échec de Montebello, les journaux autrichiens prétendirent-ils que les troupes commandées par le comte de Stadion étaient de beaucoup inférieures en nombre aux forces des alliés. Les renseignements authentiques prouvèrent qu'au contraire ces derniers étaient moitié moins nombreux que les Autrichiens. De notre côté, la division Forey avait seule été engagée, et même n'avait pas donné tout entière. Quant à la cavalerie piémontaise, qui s'était si vaillamment montrée, et avait chargé au moins six fois, elle formait un effectif d'environ 6 à 800 chevaux.

Le 22 mai, le roi de Naples, Charles Ferdinand II, succombait après une longue et douloureuse maladie, laissant la couronne à son fils François-Marie-Léopold, né du premier mariage de Ferdinand avec une princesse piémontaise. Toutefois, la ligne politique de ce nouveau règne ne pouvait donner lieu qu'à des conjectures vagues et incertaines.

Voici ce qu'annonçait le *Bulletin officiel* de Turin, daté du 24 mai : « Hier soir, l'ennemi a poussé, sans résultat, une reconnaissance contre les nôtres, à Borgo-Vercelli. Le général Garibaldi a passé heureusement le Tessin ; il a fait plusieurs prisonniers dans le pays frontière. »

Une dépêche de Berne de la même date, portait ce qui suit :

« On mande de Lugano que les Autrichiens ont quitté Como pour Milan ; ils se concentrent sur l'Adda. Les troupes françaises et sardes s'avancent. »

Une dépêche de Turin, du 25 mai, annonçait que le général Giulay avait transféré son quartier général à Garlasco ; qu'il donnait partout l'ordre aux populations de remettre leurs armes, sous peine d'être fusillées ; que les Autrichiens et les troupes de Modène s'étaient retirés de Reggio à Brescello, où l'on faisait des préparatifs de défense. La même dépêche disait que l'empereur Napoléon était parti pour Voghera, où il se proposait d'établir son quartier général. La garde impériale accompagnait Sa Majesté.

A la même date, une dépêche de Berne contenait ce qui suit : « On mande de Lugano que le général Garibaldi, avec 5,000 hommes, mais sans artillerie, s'est retranché dans Varèse. Les

Autrichiens se sont approchés de Varèse avec des canons. Le combat a commencé. » Le lendemain 26, le *Bulletin officiel* de Turin annonçait : « 5,000 Autrichiens ont attaqué Garibaldi dans la matinée. Trois heures plus tard, ils étaient repoussés avec une grande perte au-delà de Malneto, route de Côme. Les Chasseurs des Alpes ont vaillamment combattu en chargeant à la baïonnette. Varèse et tous les pays environnants sont en pleine insurrection, et on pris les armes. Garibaldi poursuit l'ennemi dans sa retraite. »

Le général Garibaldi, dont le nom inspirait la terreur aux ennemis, poursuivait rapidement sa marche. Voici la dépêche qu'il adressait le 27 mai au roi Victor-Emmanuel, et que reproduisait la correspondance de Turin, du 28 :

« Côme, 10 heures du matin.

» Les ennemis nous ont attaqués hier soir. Ils ont été défaits. Nous sommes entrés à Côme à dix heures du soir. Les Autrichiens sont en pleine déroute vers Monza. »

Le *Bulletin officiel* de Turin ajoutait qu'après un combat, livré à San-Fermo et qui avait duré de cinq à huit heures du soir, avec acharnement, Garibaldi était entré à Côme ; que cette ville s'était placée sous le gouvernement du roi de Piémont ; que les populations accouraient en armes se ranger sous les drapeaux de Garibaldi ; que le mouvement national se propageait de plus en plus.

Le 29 mai, on annonçait de Vienne que l'empereur François-Joseph était parti ce jour-là, avec le comte Grunne, et les généraux Hess et Kellner ; les princes toscans l'accompagnaient.

Le 31 mai, le *Moniteur* publiait la dépêche suivante :

» Alexandrie, lundi, 7 heures 3|4 du soir.

» Le Roi a passé la Sésia avec son armée. Il s'est emparé de Palestro (1) après un combat assez vif. Tout l'avantage est resté aux Piémontais. — Le quartier général impérial a quitté Alexandrie. — Avant de partir, l'Empereur a visité l'hôpital des blessés, et a prodigué partout des paroles d'encouragement et de consolation. »

Les premiers détails sur le combat de Palestro, donnés par le *Bulletin officiel* daté de Turin, 31 mai, étaient ainsi conçus :

« L'ennemi était retranché à Palestro, à Casalino et à Vinzaglio. La défense a été opiniâtre. Les nôtres ont franchi les tranchées à la baïonnette avec une admirable bravoure. Les pertes de l'ennemi sont très graves ; les nôtres sont encore in-

---

(1) Palestro est une petite ville de 2,000 habitants, située près de Robbio, entre Verceil et Mortara.

connues. Verceil était illuminé hier soir. L'Empereur a parcouru à pied la ville en fête. Le Roi a passé la nuit au Torrione, parmi les troupes qui y sont campées. »

Un second bulletin, daté de Turin (31 mai, 11 h. 1|2 du soir), s'exprimait ainsi :

« Nous avons à annoncer une nouvelle victoire. Ce matin, 25,000 Autrichiens ont tenté de reprendre la position de Palestro.

» Le Roi, avec la 4ᵉ division piémontaise, commandée par le général Cialdini, et le 3ᵉ régiment de zouaves, ont résisté, et sont bientôt parvenus à reprendre l'offensive.

» L'ennemi, repoussé, a été poursuivi avec ardeur. On a fait 1,000 prisonniers, et on s'est emparé de huit canons, dont cinq ont été pris par les zouaves. — Quatre cents Autrichiens se sont noyés dans le canal.

» Pendant le combat de Palestro, un autre engagement a eu lieu à Confilenza, province de Lomelline. Après deux heures de combat, l'ennemi a été repoussé par la division Fonti.

» Les Autrichiens ont évacué Vazzi, province de Robbio. »

De son côté, le *Moniteur* du 1ᵉʳ juin publiait la dépêche suivante :

« Verceil, 31 mai.

» Les Autrichiens, en grand nombre, ont attaqué ce matin avec énergie le roi de Sardaigne, et ont tâché d'empêcher nos troupes de passer la rivière.

» Les Sardes ont repoussé vaillamment les Autrichiens. Ils ont été soutenus par la division Trochu, qui a été peu engagée. Mais le 3ᵉ régiment de zouaves, qui avait été attaché à une division sarde, a fait des merveilles.

» Seul, en face d'une batterie de huit canons et du feu nourri d'une forte infanterie, il a franchi un canal, gravi une pente très raide, chargé les Autrichiens à la baïonnette, jeté dans le canal près de 400 ennemis, et emporté six canons. Les troupes sardes ont enlevé aussi deux canons.

» Nos pertes sont peu considérables. »

En même temps, on annonçait, de Turin, que des renforts en hommes et en artillerie étaient envoyés en Lombardie à Garibaldi. De ce côté aussi, les événements marchaient bien; de nombreux volontaires se rangeaient sous le drapeau italien, et une garde nationale venait de s'organiser à Côme et dans toutes les autres villes délivrées du joug de l'étranger, notamment à Lecco. La fonderie en fer de cette dernière ville pouvait au besoin être utile à l'artillerie du général Garibaldi. Avec les forces dont ce général était maintenant à même de disposer, on pouvait s'attendre à le voir marcher sur Milan.

La même correspondance ajoutait que les mouvements de Garibaldi ne resteraient pas isolés, car de grandes masses étaient concentrées sur Verceil, et on se préparait à franchir le Pô, de Cambiano à Valenzo et à Frassinetto.

Le gouvernement de Toscane avait publié le 25 mai son manifeste de guerre contre l'Autriche, conçu en ces termes :

« Afin que nul n'ait de doutes sur l'existence de l'état de guerre entre la Toscane et l'Autriche, S. E. le commissaire extraordinaire a envoyé à Turin, le 25 courant, à S. E. le comte de Cavour, la déclaration suivante :

» Le gouvernement de la Toscane, considérant qu'il doit son origine au vœu de la nation, bien décidée à prendre part à la guerre engagée entre l'Autriche et le Piémont, et à soustraire le pays à l'influence de la politique autrichienne, qui a eu pour résultat, depuis l'occupation de la Toscane par les soldats de l'Autriche, de détruire la liberté et d'usurper les prérogatives de la souveraineté ;

» Que le protectorat de la Toscane, choisi par le pays et accepté par le roi Victor-Emmanuel, a pour conséquence nécessaire de réunir les forces des deux Etats pour la défense de l'indépendance italienne ;

» Que, quoique ces faits suffisent à constater l'état de guerre entre la Toscane et l'Autriche, il importe cependant qu'il soit expressément déclaré, afin qu'il ne puisse exister aucun doute sur les relations entre ces deux Etats ;

» Déclare :

» La Toscane s'unit à la Sardaigne et à la France dans la guerre actuelle contre l'Autriche et pour l'indépendance de l'Italie.

» Florence, 25 mai 1859.

» *Le Commissaire extraordinaire,*

» C. Bon Compagni. »

Après l'affaire de Palestro, le roi Victor-Emmanuel adressait, du quartier général de Torrione, une proclamation à ses soldats. Il rappelait les brillants faits d'armes accomplis dans cette mémorable journée, la vigoureuse résistance opposée à un ennemi de beaucoup supérieur en nombre ; et en mentionnant l'importance du succès obtenu, il finissait par ces mots :

« Soldats ! Persévérez dans vos sublimes dispositions, et je vous donne l'assurance que le ciel couronnera votre œuvre si courageusement entreprise. »

A ce combat de Palestro, le Roi s'était exposé comme le dernier des soldats. On peut en juger par le récit qui va suivre :

Les Autrichiens voulaient reprendre le village de Palestro.

Pendant une heure environ, on se tint sur la défensive, et on répondit à leur feu par une fusillade et une canonnade bien nourries. Puis, le cri: « *A la baïonnette!* » retentit dans tout l'armée piémontaise, qui se précipita sur l'ennemi avec fureur. Le 3ᵉ zouaves, faisant partie de la division du général Cialdini, fut l'un des premiers à crier: « *En avant!* » Ce régiment se conduisit là de manière à justifier une réputation acquise sur tous les champs de bataille. Les zouaves avaient fait le serment de laisser les cartouches dans leurs gibernes, et de courir sur les canons autrichiens; ils tinrent parole. Lancés au pas de course, se couchant, s'agenouillant, se relevant, tour-à-tour paraissant et disparaissant, ils arrivent à deux pas des bouches à feu de l'ennemi, et tombent avec furie sur les artilleurs autrichiens, qui prennent la fuite devant cette attaque impétueuse, laissant cinq pièces de canon au pouvoir de nos intrépides soldats.

Le roi Victor-Emmanuel, voyant les zouaves se précipiter sur l'ennemi avec une ardeur irrésistible, vient se mettre à leur tête et veut s'élancer avec eux devant la gueule des canons autrichiens. En présence du danger auquel il s'expose, les zouaves se jettent au devant de lui et essaient de l'arrêter. Victor-Emmanuel se dégage du groupe qui le retient, et, piquant des deux, la tête haute, l'épée à la main, il s'élance sur les bataillons ennemis, aux applaudissements de 10,000 hommes, qui oublient un instant que le fier cavalier qui joue sa vie avec la courageuse insouciance d'un soldat, est le premier du royaume, le souverain chargé de mener à bonne fin l'œuvre sacrée de l'indépendance italienne.

A ce moment, l'armée reçoit comme une commotion électrique, et tous, zouaves, bersagliers, chevau-légers d'Alexandrie, guidés par Victor-Emmanuel, dont l'attitude est magnifique, enfoncent les rangs autrichiens au pas de course, se faisant jour à coup de crosse, à coups de sabre, avec la baïonnette. Ce n'est plus, en apparence du moins, un combat régulier, mais une mêlée sanglante, horrible, où chacun pour son compte cherche à faire la trouée la plus profonde. Jaloux du succès de l'infanterie, les chevau-légers chargent sans relâche; au centre de l'armée, le Roi admiré de tous, calme au milieu d'un effroyable orage de balles et de boulets, dirige habilement le combat, et par de sages dispositions assure le glorieux succès qui va couronner enfin les vaillants efforts des alliés.

Bientôt les Autrichiens sont en pleine déroute, et on leur fait 1,000 prisonniers.

Le général La Marmora, qui pendant l'action était resté constamment auprès du Roi, avait eu un cheval tué sous lui, et on le croyait atteint lui-même ; mais faisant approcher un autre cheval sous le feu de l'ennemi, il reprit son poste d'honneur.

Lorsqu'après la déroute de l'ennemi, Victor-Emmanuel visitait le champ de bataille, un volontaire, mortellement blessé, se relevant péniblement sur ses deux mains, lui dit avec une indéfinissable expression de regret : « Il est triste, Majesté, de mourir à la première bataille ! »

À quelques pas de là, un autre volontaire, également blessé à mort, s'écriait, dans un suprême effort et d'une voix suppliante : « Ah ! Sire, sauvez cette pauvre Italie ! » Et cette parole fut la dernière que le malheureux prononça !...

L'ennemi, cependant, continuait son mouvement de retraite, et abandonnait Robbio, que le comte Giulay avait choisi pour en faire la base de ses opérations défensives, et empêcher le passage de la Sésia par l'armée franco-sarde. Le général Niel entrait à Novare presque sans coup férir, tandis que le maréchal Canrobert, dont les communications avec l'armée sarde étaient devenues libres, pouvait opérer sa jonction avec le roi Victor-Emmanuel. Ces deux faits avaient une haute importance, puisqu'ils obligeaient le général Giulay à accepter la bataille dans les environs de Mortara, ou à se réfugier derrière Pavie, en passant le Tessin ; en même temps qu'ils facilitaient les opérations de Garibaldi et des corps sardes qu'il appuyait du côté du Lac-Majeur.

De grands mouvements s'étaient opérés pendant les deux premiers jours de juin. Le 1er avait été signalé par la prise de Novare, où l'empereur Napoléon se voyait accueilli par des acclamations. La population novaraise faisait éclater un vif enthousiasme à l'aspect des troupes françaises, qu'ils ne s'attendaient pas à voir si tôt. Le 2, les Autrichiens battaient en retraite de Robbio sur Mortara, ou du moins sur les villages de Nicorvo et de Castelnovetto, situés de l'autre côté du torrent d'Agogna.

Le *Bulletin officiel* de Turin, portant la date du 3 juin, confirmait la retraite des Autrichiens, et annonçait : que l'ennemi, après avoir abandonné précipitamment les lignes du Pô, en face de Valenza, avait commencé, dès le 2, à se retirer de Mortara ; que dans la nuit du 2 au 3, les corps d'armée des généraux Zobel, Lichtenstein et Schwartzenberg avaient évacué Mortara, se dirigeant sur Vigenavo, Bereguardo et Pavie ; que, dans sa retraite précipitée, l'ennemi avait abandonné les grains et autres denrées provenant de ses réquisitions ; enfin, que le roi Victor-Emmanuel était allé visiter l'Empereur à Novare.

Le 4 juin, la dépêche suivante était affichée à la Bourse :

« Quartier général, samedi 9 h. 3/4 du matin.

» Hier, des ponts ont été jetés sur le Tessin. Notre armée a commencé à passer sur l'autre rive, après un combat dans lequel l'ennemi a éprouvé des pertes considérables. L'ennemi s'est mis en retraite, laissant entre nos mains un canon et une grande quantité de munitions. »

Une dépêche de Turin, datée du 4 juin, (6 heures du soir), contenait ce qui suit :

« Les troupes alliées ont passé le Tessin sur plusieurs points.

» L'ennemi a évacué la Lomelline. Le général Giulay a transporté hier son quartier général à Rosate. »

Le général autrichien Urban avait bombardé Varèse, le 1er juin, et imposé une forte contribution de guerre aux habitants. Mais, dès le lendemain, le général Garibaldi tombait par surprise sur Varèse, battait les Autrichiens et délivrait la ville une seconde fois. Ce général paraissait vouloir se maintenir sur le qui-vive dans les montagnes situées entre Como et Varèse, et, de cette position, soulevait les populations jusqu'aux montagnes de la Valteline sur l'Adda supérieure, de Fuentes, Sondrio et Tirano à Burmio. A la date du 4 juin, une dépêche de Vérone portait que l'armée autrichienne était concentrée sur la rive gauche du Tessin, et que son quartier général se trouvait à Abbiategrasso ; que la brigade Jablonnsky venait d'être envoyée à Modène, pour renforcer les troupes du duc ; que l'Empereur François-Joseph était à Vérone, où il s'occupait des opérations. Des troupes venaient renforcer son armée.

Maintenant, les événements se pressent avec une telle rapidité qu'il devient presque impossible de les suivre. Il y a quelques jours, la victoire de Montebello consacrait pour la seconde fois un lieu déjà illustré par l'épée de la France; puis venait Palestro, puis le passage du Tessin; aujourd'hui, notre armée remporte à Magenta un triomphe glorieux, et qui ne le cède en rien, par les proportions et par les merveilleux résultats qu'il assure, aux plus grandes victoires de l'ère impériale.

Le Tessin était franchi par les armées alliées; mais l'ennemi, se ravisant tout à coup, ne voulut pas déserter la ligne de ce fleuve et l'abandonner à nos troupes sans tenter encore une fois le sort des armes. Le général Giulay, qui avait concentré toute son armée en avant du Tessin, se détermina à accepter une bataille, que tout semblait présager depuis longtemps, et qui allait nous fournir l'occasion d'un beau triomphe.

La France entière tressaillit d'allégresse et d'enthousiasme, à la nouvelle de ce glorieux fait d'armes, transmise d'abord laconiquement et sommairement par une dépêche ainsi conçue :

BATAILLE DE MAJENTA.

Paris, 5 juin 1859, 10 h. 50 min. du matin.

L'EMPEREUR A L'IMPÉRATRICE.

Pont de Magenta, 11 h. 30 min. du soir.

Une grande victoire !

5,000 prisonniers et 15,000 ennemis tués ou blessés.

A plus tard les détails.

« *Une grande victoire !* » Ces trois mots qui commencent la dépêche, cette phrase à la fois si concise et si éloquente que, douze heures après le combat, les messagers électriques avaient transportée dans toutes les communes de France, y avaient fait éclater partout des transports de joie et d'orgueil.

Aussi, et sans attendre les renseignements plus explicites, qui devaient bientôt arriver, on accueillit par les témoignages de satisfaction les plus significatifs le grand événement, l'heureuse nouvelle formulée si solennellement et si laconiquement par ces mots : UNE GRANDE VICTOIRE ! Et, en effet, tout était là !

Le *Moniteur* du lundi 6 juin était attendu avec la plus vive impatience; on s'attendait, avec raison, à ce qu'il donnât quelques détails sur la glorieuse journée du 4. La feuille officielle renfermait la dépêche suivante :

L'EMPEREUR A L'IMPÉRATRICE.

Magenta, 5 juin.

« Hier, l'armée devait se diriger sur Milan, en passant sur les ponts jetés à Turbigo (1), opération qui fut bien exécutée.

» Mais les ennemis, qui avaient repassé le Tessin en grand nombre, nous ont opposé la plus vive résistance.

» Les débouchés étaient étroits. La garde impériale a soutenu le choc, à elle seule, pendant deux heures.

» Dans cet intervalle, le général Mac-Mahon prenait Magenta (2).

» Après plusieurs combats sanglants, nous avons partout culbuté l'ennemi.

» Nous avons 2,000 hommes hors de combat.

» On estime les pertes de l'ennemi à 15,000 tués ou blessés; 5,000 prisonniers.

(1) Turbigo est situé sur la rive gauche du Tessin, à environ huit kilomètres de Buffalora.

(2) Magenta est placé tout près de Buffalora, sur la grande route qui conduit de cette localité à Milan. Un canal, qui se trouve entre Magenta et le Tessin, et qui longe cette rivière, augmentait la force de la position occupée par l'ennemi, parce que les armées alliées ne pouvaient se mettre en ligne que successivement, à mesure qu'elles débouchaient des ponts volants sur lesquels elle franchissaient la rivière.

Paris, 5 juin (soir).

Résumé de la bataille de Magenta.

» 7,000 prisonniers; au moins 20,000 hommes hors de combat; 3 canons, deux drapeaux pris.

» Aujourd'hui, l'armée se repose et s'organise.

» Nos pertes montent environ à 3,000 tués ou blessés. Un de nos canons a été pris par l'ennemi. »

Avant que de nouveaux renseignements sur la victoire de Magenta ne fussent venus satisfaire la curiosité publique si avide de les connaître, on apprenait le résultat le plus important de cette glorieuse journée.

Une dépêche affichée à la Bourse, le 6 juin, contenait ce qui suit :

L'EMPEREUR A L'IMPÉRATRICE.

Quartier-général, lundi, 8 h. du matin.

« Milan est insurgé ! Les Autrichiens ont évacué la ville et le château, laissant, dans leur précipitation, des canons et les caisses de l'armée.

» Nous sommes encombrés de prisonniers; nous avons pris 12,000 fusils autrichiens. »

Les combats de Montebello, de Casteggio, de Palestro et de Confienza n'étaient pas seulement de mémorables faits d'armes, dans lesquels le courage et le talent avaient su triompher du nombre ; en les examinant sous leur veritable point de vue, ces rencontres avec l'ennemi paraissaient autant d'étapes prévues, préparées pour ainsi dire, qui devaient amener nos armées jusqu'à la grande victoire de Magenta, et leur ouvrir les portes de la Lombardie.

Quinze jours auparavant, les alliés engageaient la lutte pour affranchir le Piémont de l'invasion étrangère. Et voilà qu'après, Magenta, non-seulement ce but était atteint, non-seulement les Autrichiens avaient été refoulés au-delà des frontières piémontaises, mais encore le théâtre de la guerre se trouvait déplacé et transporté sur un territoire que l'Autriche considérait encore comme lui appartenant. Naguère agresseur, l'ennemi se voyait réduit à la défensive, et sa retraite successive de toutes les positions par lui prises en Piémont, ne devait être que le prélude d'une retraite générale; la capitale de la Lombardie allait bientôt saluer ses libérateurs !

Ainsi, trois grandes victoires en quinze jours; les Autrichiens chassés d'un pays qu'ils avaient mis trois semaines à envahir sans qu'ils eussent cependant rencontré la moindre résistance sérieuse, voilà le résultat des premiers pas que l'armée alliée a faits en avant. A Magenta, l'ennemi a eu 20,000 hommes tués ou blessés ; il a laissé entre nos mains 7,000 prisonniers ; or, pour rencontrer des chiffres pareils, il faut remonter aux plus célèbres journées du commencement de ce siècle, aux batailles les plus terribles du premier empire. A Marengo, les Autrichiens avaient perdu aussi 20,000 hommes ; c'est seulement à Austerlitz, à Iéna, à Wagram, à Eylau et à la Moskowa que l'on trouve du côté des vaincus une perte de plus de 30,000 hommes tués ou blessés.

Et ce n'est pas seulement le nombre des hommes mis hors de combat qu'il convient d'envisager pour apprécier les conséquences désastreuses pour l'Autriche des défaites essuyées par son armée ; mais bien la démoralisation que trois échecs subis coup sur coup dans l'espace de deux semaines ont produite nécessairement sur l'esprit de ses soldats. Aussi voyons-nous que, pour contraindre l'ennemi à évacuer Milan, il n'a pas été nécessaire de l'y venir attaquer. Le coup de foudre de Magenta l'a frappé d'une telle stupéfaction, qu'il ne se croit plus désormais en sécurité que dans son fameux quadrilatère de forteresses ; c'est dans ce refuge aujourd'hui, comme en 1848, que l'Autriche met tout son espoir.

Le 6 juin, d'après la dépêche datée de Turin, du 7, la municipalité de Milan se rendait au quartier général des armées alliées, et remettait au roi Victor-Emmanuel, en présence de l'Empereur, l'adresse que voici :

« La municipalité de Milan est fière d'user d'un de ses plus beaux priviléges et d'être près de vous, Sire, l'interprète de ses concitoyens, dans de graves circonstances.

» Elle veut renouveler le pacte de 1848, établir de nouveau, à la face des nations, le grand fait que onze années ont mûri dans les intelligences et dans les cœurs. L'annexion de la Lombardie au Piémont a été proclamée, ce matin, à Milan, quand l'artillerie ennemie pouvait encore foudroyer la ville, et que les bataillons autrichiens défilaient encore sur les places.

» L'annexion est un premier pas dans la voie du nouveau droit public qui laisse les peuples arbitres de leurs destinées.

» L'héroïque armée sarde et celle de son illustre allié, qui veut que l'Italie soit libre jusqu'à l'Adriatique, achèveront bientôt cette magnanime entreprise.

» Agréez, Sire, les hommages que Milan vous offre par notre entremise, et nos cœurs sont à vous.

» *Vive le Roi ! vive le Statut ! vive l'Italie !*

» Milan, 5 juin. »

(L'adresse était signée par sept assesseurs municipaux.)

Le *Moniteur* du 7 juin publiait un rapport adressé à

S. M. l'Empereur par le général de Mac-Mahon, commandant le 2ᵉ corps de l'armée d'Italie. S. M. a ordonné la transmission au ministre de la guerre de ce rapport, relatif au passage du Tessin effectué à Turbigo, le 3 juin, et à la prise de Robecchetó, constatant que des pertes considérables avaient été éprouvées par l'ennemi, et que de notre côté, il y avait eu quatre officiers, dont un capitaine, et sept soldats tués ; quatre officiers, dont un colonel, et trente-huit soldats blessés.

La feuille officielle, du même jour, annonçait que l'Empereur avait ordonné que les noms des officiers et soldats tués ou blessés fussent envoyés par les soins du ministre de la guerre à toutes les personnes intéressées.

Voici ce que contenait, sur l'affaire de Magenta, le *Bulletin officiel* de Turin sous la date du 7 juin :

« Dans la bataille de Magenta, les alliés ont pris 4 canons, 2 drapeaux, 4,000 sacs, et fait 7,000 prisonniers.

» Sur environ 120,000 Autrichiens engagés, leurs pertes montent à plus de 20,000 hommes mis hors de combat. Les pertes des Français s'élèvent à environ 5,000 hommes tués ou blessés.

» Les généraux Espinasse et Clerc ont été tués.

» La ville de Milan avait été garnie de barricades que défendaient 6,000 gardes nationaux.

» A Côme et à Sandrio, on a proclamé l'activité du gouvernement du roi de Sardaigne.

» La partie haute de la Lombardie est délivrée des Autrichiens, et s'est empressée de proclamer Victor-Emmanuel.

» De toutes parts, des volontaires rejoignent le corps de Garibaldi, qui poursuit l'ennemi au-delà de Monza.

» Le corps du général Urban, après une retraite précipitée de Varèse, est dispersé. Les soldats, débandés, sont arrêtés et désarmés. »

Le mardi 7 juin, un *Te Deum* d'actions de grâces était chanté à Notre-Dame de Paris, en présence de S. M. l'Impératrice, du prince Jérome, des princesses Mathilde et Clotilde, et des membres des grands corps constitués. Pendant cette cérémonie, S. M. l'Impératrice annonçait au maréchal ministre de la guerre l'élévation au maréchalat des généraux de Mac-Mahon et Regnault-de-Saint-Jean d'Angely. Cette nomination devenait le lendemain officielle, et le *Moniteur* annonçait, à la date du 8 :

« Par décret impérial, le général de division marquis de Mac-Mahon est nommé maréchal de France et duc de Magenta. — Le général de division Regnault-de-Saint-Jean-d'Angely est nommé maréchal de France. »

Cependant, la presse autrichienne et les journaux de l'Allemagne ne voulaient pas avouer que Magenta eût été un beau succès pour les armées alliées, et persistaient à soutenir que la journée du 4 juin n'aurait pas de funestes résultats pour l'Autriche. C'était là s'obstiner à nier l'évidence. Mais les journaux anglais jugeaient autrement la question. Le *Times* déclarait que notre armée venait de remporter une victoire qui pouvait prendre place à côté des noms les plus célèbres parmi les fastes du premier Empire. Il considérait la bataille comme décisive, et ajoutait :

« La grande armée d'invasion n'est plus en ce moment qu'une multitude fugitive que retient encore réunie le sentiment de la discipline. La route de Milan est ouverte ; Pavie et Plaisance restent comme des montagnes autrichiennes dans une plaine couverte de troupes françaises et italiennes, et il ne peut y avoir de temps d'arrêt pour aucune résistance sérieuse de la part des forteresses autrichiennes à l'ouest. »

Ces appréciations du *Times*, sont d'autant plus dignes d'être remarquées, que jusqu'alors ce journal s'était montré plus hostile à la France qu'à l'Autriche. Sa conclusion dans l'article dont nous venons de citer un passage, était que l'Autriche devait se hâter d'évacuer la Lombardie, et de demander la paix à ce prix.

Citons maintenant, sinon tous les détails, du moins les principaux épisodes de la bataille de Magenta :

Les Autrichiens avaient exécuté sur la rive gauche du Tessin le même mouvement que l'Empereur sur la rive droite, et ils se transportaient, à marche forcée, des bords du Pô vers ceux du Tessin. Une partie de nos troupes ayant déjà franchi le fleuve et se dirigeant sur Milan, le général Giulay avait conçu le projet de couper notre armée, dont une partie se serait éparpillée dans la Lombardie, tandis que l'autre restait en Piémont. La division de la garde, composée de trois régiments de grenadiers et du régiment de zouaves, et commandés par le général Mellinet, occupait une position avancée à droite du pont, entre Buffalora et Magenta. Cette division représentait un effectif de 8 à 9,000 hommes, et elle n'avait qu'une demi-batterie.

Vers midi, 50,000 Autrichiens avec 60 pièces de canon attaquèrent cette colonne d'avant-garde. Nos soldats firent bonne contenance et repoussèrent l'ennemi, qui, voyant le petit nombre des nôtres, revint à la charge avec plus d'impétuosité. Les Autrichiens furent repoussés une seconde, puis une troisième fois. Pendant une heure et demie, le second régiment de grenadiers eût à soutenir à lui seul le choc répété de toute une division autrichienne. Les autres régiments de la division ne pouvant se déployer à cause des accidents de terrain, furent aussi attaqués de toutes parts pendant quatre heures. Assaillis de tous côtés par l'infanterie qui dirigeait sur elle un feu nourri, par la cavalerie qui la chargeait sans relâche, par l'artillerie qui vomissait la mitraille dans ses rangs, la garde impériale résista vaillamment sans reculer. Formée en carré contre la cavalerie, elle ne se laissa pas entamer un instant; lancée à la baïonnette contre l'infanterie autrichienne, elle en fit un épouvantable carnage; l'artillerie elle-même ne put venir à bout de ces troupes d'élite. Les zouaves s'élancèrent comme des tigres, ils faisaient trois pas, puis se couchaient; quand la mitraille pleuvait trop fort, ils continuaient à ramper, arrivaient ainsi jusqu'à la gueule des canons et tuaient les canonniers.

L'arrivée du corps du général Niel changea tout à coup la face des choses, et, quoique bien inférieure en nombre, l'armée française put reprendre l'offensive. A ce moment, l'Empereur aurait voulu faire reposer la garde, et lui laisser le temps de manger; mais une seule réponse se fit entendre, un seul cri sortit des rangs: « Non, non, jusqu'à la mort! » Et ces soldats que l'ennemi cherchait vainement à intimider ou à entamer, qu'il chargeait, fusillait et mitraillait depuis plusieurs heures, marchèrent à leur tour en avant et triomphèrent de la supériorité numérique des Autrichiens.

Cependant la bataille n'était pas terminée. L'ennemi voyant que toutes ses attaques de front venaient se briser contre l'héroïsme de nos vaillantes troupes, essaya de les tourner, et notre droite allait être menacée par des forces considérables, lorsque la division du général de Mac-Mahon parut sur le champ de bataille. Avant même qu'elle eût donné, la victoire nous appartenait, car elle mettait nos forces à peu près sur le même pied que celles de l'ennemi, et nos soldats comprenaient que leurs généraux allaient avoir raison des Autrichiens par une attaque générale.

En effet, le signal est donné; lancée au pas de course, la division Mac-Mahon tombe sur l'ennemi avec l'impétuosité d'un ouragan; on croirait, tant sa marche est furieuse et précipitée, qu'elle n'éprouve aucune résistance. L'ennemi se débande, jette ses armes, se rend à discrétion; les canons sont entre nos mains, les drapeaux en notre pouvoir, la bataille est gagnée; sur toute la ligne on n'entend plus que des hurrahs, des applaudissements; nos soldats se précipitent sur les traces d'un ennemi qui ne songe plus à se défendre, et le nom de Milan circule dans les rangs comme la glorieuse récompense assurée aux enfants de la France, qui viennent de renouveler les prodiges de bravoure du premier empire!

Mais si les pertes de l'ennemi furent immenses, les nôtres

furent grandes; cette victoire nous coûtait cher. Le général Espinasse, qui commandait une division du corps d'armée du général Mac-Mahon, et le général Clerc, qui commandait une brigade de la garde, trouvaient la mort sur le champ de bataille. Tous deux étaient jeunes : le premier avait 45 ans, le second 42, à peine; tous deux avaient conquis leurs premiers grades sur cette terre d'Afrique, pépinière féconde de héros; tous deux enfin avaient commandé ces intrépides zouaves, qui ont porté si haut la réputation guerrière de la France. La mort de ces deux braves a causé dans les rangs de l'armée une profonde sensation de douleur; l'Empereur et la France perdent en eux des chefs vaillants et d'un dévoûment éprouvé. On sait qu'après l'attentat du 14 janvier, le général Espinasse fut chargé temporairement du ministère de l'intérieur, et qu'il s'acquitta avec zèle de cette mission toute de confiance.

Le général Niel eut deux chevaux tués sous lui pendant le combat; le général Mellinet qui, à la tête de la garde, soutint longtemps l'attaque de l'ennemi, reçut une blessure légère. Plusieurs officiers supérieurs furent blessés également.

Nous avons dit que les généraux de Mac-Mahon et Regnault de Saint-Jean-d'Angély avaient été promus au maréchalat, après la victoire de Magenta. Voici leurs états de service :

En 1842, M. de Mac-Mahon était chef de bataillon dans l'armée d'Afrique, et se distinguait au combat de Bab-el-Taza. En 1844, on le trouva lieutenant-colonel au 2ᵉ régiment de la légion étrangère. En 1845, il passa colonel au 41ᵉ régiment d'infanterie de ligne, et se fit remarquer dans un combat contre les Kabyles, sur la crête du Djabel-Achra; à Aydoussa et à Aïn-Kebira. En 1848, il fut nommé général de brigade, et, en 1849, commandeur de l'ordre impérial de la Légion-d'Honneur. En 1852, il commandait la division de Constantine et dirigeait une expédition à l'est de cette ville. En 1853, il fut fait grand-officier de la Légion-d'Honneur. En 1855, il fut promu général de division, fait grand'croix et prit d'assaut Sébastopol. En 1856, il reçut l'ordre du Bain, et l'Empereur l'appela à siéger au sénat. Enfin, en 1859, nous le voyons, à la tête de l'un des corps de l'armée d'Italie, triompher à Magenta, et recevoir en même temps le titre de duc de Magenta et le bâton de maréchal de France.

Si la récompense glorieuse accordée au général de Mac-Mahon est justement méritée, il en est de même à l'égard de M. Regnault de Saint-Jean-d'Angély. Ce général, qui porte un nom déjà illustre dans les fastes du premier Empire, était soldat lui-même à cette grande époque. Au sortir de l'École militaire, il prenait part à la rude campagne de Russie, à celle de

Saxe; pendant la campagne de France, en 1814, il faisait partie de l'état-major de l'Empereur; en 1815, à Waterloo, et sur le champ de bataille même, il était nommé chef d'escadron.

Après la Restauration des Bourbons, en 1815, Regnault de Saint-Jean-d'Angély se vit rayé des contrôles de l'armée. Il partit avec le colonel Fabvier pour aller aider la Grèce à conquérir son indépendance. Réintégré dans les cadres de l'armée, après la révolution de 1830, avec le grade de chef d'escadron, il devint bientôt colonel du 1er régiment de lanciers, et peu après, passa général de brigade. Nommé général de division en 1849, il fut chargé du commandement du corps expéditionnaire de la Méditerranée. En 1851, il tenait le portefeuille du ministère de la guerre. Appelé, en 1854, au commandement en chef de la garde impériale, il conduisit lui-même cette troupe d'élite au baptême du feu, dans la campagne de Crimée. De pareils services auraient suffi pour mériter à ce général la dignité à laquelle il vient d'être promu; aux titres qu'il possédait déjà, M. Regnault de Saint-Jean-d'Angély en a ajouté de nouveaux; il s'est couvert de gloire dans la journée de Magenta, et c'est à la suite de cette mémorable victoire, qu'il a reçu son bâton de maréchal.

La route de Milan était ouverte à nos troupes par l'éclatant succès qu'elles venaient de remporter. Déjà l'ennemi avait été forcé d'évacuer, en toute hâte, la capitale de la Lombardie, abandonnant ses armes et ses munitions. Déjà, la municipalité milanaise s'était rendue au quartier général des alliés, et avait remis au roi Victor-Emmanuel, en présence de l'Empereur Napoléon, une adresse que nous avons reproduite plus haut. A Paris, comme à Turin, on avait chanté le *Te Deum* pour remercier la Providence du triomphe des armées française et sarde; la France entière allait s'unir à cette manifestation pieuse et solennelle; bientôt le cantique d'actions de grâces devait retentir sous les voûtes du dôme de Milan!

Le *Bulletin officiel* de Turin, daté du 8 juin, contenait ce qui suit :

« Hier, le quartier général de l'armée sarde était à Lainate. (1)

» Aujourd'hui le roi doit faire son entrée à Milan.

» Hier, à six heures du soir, les Autrichiens ont évacué Pavie, après avoir encloué leurs canons et jeté à l'eau leurs munitions.

---

(1) *Lainate* est le nom d'une petite bourgade, située à environ 16 kilomètres au nord-ouest de Milan ; elle n'est mentionnée ni sur les dictionnaires de géographie, ni sur les cartes ordinaires du théâtre de la guerre; on ne la trouve que sur la grande carte de l'état-major.

« Le corps d'armée du général Schwartzenberg est parti dans la direction de Belgiojoso. »

Cette journée du 8 juin fut en effet marquée par un fait d'une haute importance. L'Empereur et le roi de Sardaigne faisaient ce jour là leur entrée dans la capitale de la Lombardie, au milieu des flots pressés d'une population ivre d'allégresse.

Le 9 juin, un *Te Deum* était chanté dans la cathédrale de Milan. Les deux souverains assistaient à cette pieuse solennité. Suivis d'un nombreux état-major ils parcoururent les rues de la ville, que bordait une haie de garde impériale. Partout sur leur passage éclatèrent les démonstrations d'un enthousiasme qu'il serait presque impossible d'exprimer ; démonstrations qui se renouvelaient avec les mêmes transports chaque fois que l'Empereur se montrait en public. La soirée du 9 vit se produire une importante manifestation populaire : une foule de notables citoyens de Milan se rendit au palais particulier que l'Empereur avait choisi pour résidence, et le salua de ses chaleureuses acclamations.

CHAPITRE IX.

SOMMAIRE. — Bataille de Malegnano, ou Marignan. — Détails sur cette nouvelle victoire des alliés. — Proclamation du roi de Piémont aux populations lombardes. — Ordre du jour de l'Empereur à l'armée d'Italie. — Proclamation de l'Empereur aux Italiens. — Députation envoyée au roi de Piémont par les Parmesans, pour demander l'annexion de ce duché aux États sardes. — *Te Deum* chanté à Florence, pour la victoire de Magenta et la délivrance de Milan. — Les Autrichiens évacuent Plaisance. — Mort du prince de Metternich. Notice biographique sur ce diplomate célèbre. — Évacuation de Bologne par les Autrichiens. — Leurs nouvelles positions. — Adresse présentée par la municipalité milanaise à Napoléon III. — Proclamation adressée par la duchesse de Parme à son peuple, en quittant ses États. — Les troupes autrichiennes évacuent Reggio, Modène, Brescello, etc., etc. — Passage de l'Adda par les armées française et sarde. — Manœuvres exécutées par les différents corps de l'armée autrichienne, pour opérer la retraite. — La Prusse ordonne la mobilisation de six corps d'armée. — Le roi de Piémont décerne à Garibaldi la *médaille d'or* de la bravoure. — A Milan, Garibaldi est l'objet d'une manifestation aussi spontanée qu'enthousiaste. — Félicitations adressées par les habitants d'Autun au frère du maréchal de Mac-Mahon au sujet des nouveaux et justes honneurs accordés à leur brave compatriote, le héros de Malakoff et de Magenta. — La flotte française dans l'Adriatique. — Le nouveau ministère anglais. — La presse autrichienne avoue enfin les désastres de l'armée. — Bulletin du 17 juin. — Circulaire de M. de Cavour aux représentants du Piémont près les différentes cours européennes, dans laquelle ce ministre signale à l'indignation générale un acte de barbarie commis en Piémont par le général autrichien Urban. — Récit sommaire de ce fait. — Le roi Victor-Emmanuel refuse la dictature que lui offraient les délégués de la ville de Bologne. — Les enrôlements augmentent de jour en jour l'armée de Garibaldi.

Les événements du théâtre de la guerre se succédaient avec une incroyable rapidité. A peine les détails de la bataille de Magenta étaient-ils connus, que l'on entend retentir partout la nouvelle d'une autre victoire, et que le télégraphe, dédaigneux du temps et des distances, fait connaître un succès de plus, à ajouter à tous ceux qui ont servi d'étapes à l'armée française depuis son entrée en Italie.

Le nom de Marignan, signalé, il y a trois siècles, par une mémorable bataille, que l'histoire a enregistrée sous le nom de *Bataille des Géants*, vient d'être illustré, pour la seconde fois, par nos armes victorieuses. La France ne peut plus faire un pas sur le sol italien sans se heurter à des noms déjà célèbres dans nos annales ; elle aura ainsi le privilège de raviver et de rajeunir ses vieilles gloires pour les confondre dans un commun et impérissable souvenir.

Voici le *Bulletin officiel* transmis de Paris, à la date du 9 juin :

« Les alliés ont remporté une nouvelle victoire. — Les Autrichiens étaient retranchés à Malegnano (1).

» L'Empereur a envoyé pour les déloger, le maréchal Baraguay-d'Hilliers, qui s'est emparé de ce village. Nous n'avons éprouvé que peu de pertes.

» On rapporte que les Autrichiens sont revenus de Belgiojoso à Pavie.

» Une correspondance autrichienne prétend que le général Urban effectue sa retraite sur Cassano-d'Adda. »

L'EMPEREUR A L'IMPÉRATRICE.

« Milan, 9 juin, 9 h. 35 minutes.

» Nous n'avons pas encore de détails sur le brillant combat de Marignan ; nous savons seulement que le corps de Benedek a été repoussé, et qu'on a fait 1,200 prisonniers. »

Voici le bulletin de la bataille de Malegnano, ou Marignan, transmis de Milan, le 9 juin 1859, par S. E. le maréchal Vaillant, major-général de l'Armée d'Italie, à S. E. le ministre de la guerre :

« Après la victoire de Magenta, les Autrichiens ont évacué

_____

(1) *Malegnano* est le célèbre Marignan, où le roi François Ier à peine âgé de vingt ans, remporta, en 1515, sur les Suisses et le duc de Milan, une bataille mémorable qui dura deux jours. C'est un bourg du royaume lombard-vénitien, situé sur le Lambo, à 15 kilomètres ouest-nord-ouest de Lodi, et à 14 kilomètres sud-est de Milan.

Milan, en toute hâte, laissant dans la citadelle 41 canons en bronze, des munitions et des vivres en abondance. Ils se sont mis en pleine retraite sur Lodi et sur Pavie.

» Le 8, l'Empereur a donné l'ordre au maréchal Baraguay-d'Hilliers d'occuper la position de Malegnano (Marignan) d'où nous menacions à la fois deux lignes de retraite de l'ennemi ; mais les Autrichiens, qui avaient compris toute l'importance de Malegnano pour couvrir leur retraite, avaient profité des restes de fortifications que présente cette ville, et s'y étaient retranchés solidement.

« Arrivé à quatre heures devant la position, le maréchal Baraguay-d'Hilliers l'a fait immédiatement attaquer par les divisions Bazaine et Ladmirault, pendant que la division Forey devait la tourner. Ce combat n'a pas duré moins de trois heures.

» L'ennemi a opposé la résistance la plus énergique aux efforts de nos soldats. Enfin, chassé à la baïonnette de retranchement en retranchement, de maison en maison, il s'est retiré vers sept heures, laissant le terrain couvert de ses morts, et abandonnant entre nos mains un canon et plus de mille prisonniers.

» Un si beau succès ne pouvait être que chèrement acheté. Nous avons eu 50 officiers et 800 soldats hors de combat.

» Nous apprenons à l'instant que les Autrichiens ont évacué Pavie et Lodi, et repassé l'Adda en détruisant les ponts. »

A ce bulletin, nous ajouterons quelques autres renseignements sur le combat de Marignan.

Une forte colonne autrichienne était signalée à Malegnano, se dirigeant sur Milan, pour reconquérir cette ville. Elle venait de Pavie. A deux heures de l'après-midi l'attaque commençait.

Les Autrichiens s'étaient retranchés principalement dans le cimetière. Une bonne partie, à la tête de laquelle était le général commandant l'expédition, se tenait dans la cour d'une ferme au-devant du village. Le combat s'engagea sur ce point. Pendant que la division Bazaine répondait au feu vif et nourri de l'ennemi, le général Ladmirault, qui commandait l'aile gauche, s'emparait du château et tombait sur le village par les jardins. Les Autrichiens, se trouvant cernés, se replièrent dans Malegnano, et, se barricadant dans les maisons, ils se mirent à tirer par les fenêtres. Les zouaves soutinrent héroïquement le feu, tirant de bas en haut, tandis que d'autres combattaient corps à corps. Le général Forey attendait avec sa division qui formait l'aile droite; mais l'ennemi le laissa en repos, ayant déjà trop à faire avec les troupes de la division Bazaine.

Le brave colonel Paulze d'Ivoy a été l'un des premiers qui

aient succombé. **Son cheval** venait de s'abattre. Descendant lui-même, il pressa le guidon et donna de l'éperon pour remettre son coursier sur ses jambes. A peine était-il relevé, que trois balles l'atteignirent et le blessèrent mortellement.

Les pertes sont sensibles. Dans le 1er régiment de zouaves, on compte 33 officiers et 500 soldats mis hors de combat.

En revanche, les Autrichiens ont, cette fois encore, payé le dommage. De 30,000 hommes qu'ils étaient, 1,600 sont restés sur le champ de bataille, tués ou blessés; les autres ont pris la fuite; 1,200 prisonniers sont entre nos mains.

Le roi Victor-Emmanuel a adressé, de Milan, à la date du 9 juin, aux populations Lombardes, une proclamation, dont voici le résumé substantiel :

« Peuples de Lombardie !

» Une succession de victoires m'a conduit jusqu'à Milan.

» Vos vœux raffermissent l'union que mon règne a créé entre les Italiens.

» L'indépendance de l'Italie est désormais assurée; un régime libéral sera fondé sur des bases durables.

» Les peuples subalpins ont fait de grands sacrifices. Notre armée, avec l'aide des volontaires italiens, a montré une grande valeur et remporté de nobles victoires.

» L'Empereur, mon généreux allié, héritier du nom et du génie de Napoléon Ier, a bien voulu se mettre à la tête d'une armée héroïque, afin de délivrer l'Italie.

» Venez seconder sur les champs de bataille ses intentions magnanimes, et montrez-vous dignes des nouvelles destinées qui vont succéder à tant de siècles de souffrances.

» Signé : VICTOR-EMMANUEL. »

A la suite de cette proclamation, il convient de placer l'*ordre du jour de l'Empereur à l'armée d'Italie* :

« Soldats !

» Il y a un mois, confiant dans les efforts de la diplomatie, j'espérais encore la paix, lorsque tout à coup l'invasion du Piémont par les troupes autrichiennes, nous appela aux armes. Nous n'étions pas prêts : les hommes, les chevaux, le matériel, les approvisionnements manquaient; et nous devions, pour secourir nos alliés, déboucher à la hâte par petites fractions au delà des Alpes, devant un ennemi redoutable et préparé de longue main.

» Le danger était grand; l'énergie de la nation et votre courage ont suppléé à tout; la France a retrouvé ses anciennes vertus, et, unie dans un même but comme en un seul senti ment, elle a montré la puissance de ses ressources et la force de son patriotisme. Voici dix jours que les opérations ont commencé, et déjà le territoire piémontais est débarrassé de ses envahisseurs.

» L'armée alliée a livré quatre combats heureux et remporté une victore décisive qui lui ont ouvert les portes de la Lombardie. Vous avez mis hors de combat plus de 35,000 Autrichiens, pris 17 canons, des drapeaux, fait 8,000 prisonniers. Mais tout n'est pas terminé; nous aurons encore des luttes à soutenir et des obstacles à vaincre.

» Je compte sur vous. Courage donc, braves soldats de l'armée d'Italie ! Du haut du ciel, vos pères vous contemplent avec orgueil.

» Fait au quartier-général de Milan, le 8 juin 1859.

NAPOLÉON. »

Pour rassurer encore un fois l'Europe sur les projets que l'on pourrait lui supposer, et dissiper les alarmes que ses victoires auraient pu faire naître chez les grandes puissances, l'Empereur Napoléon lançait de son quartier général de Milan, la proclamation suivante adressée aux peuples Italiens :

PROCLAMATION DE L'EMPEREUR AUX ITALIENS.

« ITALIENS !

» La fortune de la guerre nous conduisant aujourd'hui dans
» la capitale de la Lombardie, je viens vous dire pourquoi j'y
» suis.

» Lorsque l'Autriche attaqua injustement le Piémont, je ré-
» solus de soutenir mon allié le roi de Sardaigne, l'honneur et
» les intérêts de la France m'en faisant un devoir. *Vos ennemis,*
» *qui sont les miens, ont tenté de diminuer la sympathie uni-*
» *verselle qu'il y avait en Europe pour votre cause, en faisant*
» *croire que je ne faisais la guerre que par ambition personnel-*
» *le, ou pour agrandir le territoire de la France. S'il y a des*
» *hommes qui ne comprennent pas leur époque, je ne suis pas*
» *du nombre.* Dans l'état éclairé de l'opinion publique, on est
» plus grand aujourd'hui par l'influence morale qu'on exerce
» que par des conquêtes stériles, et cette influence morale je
» la recherche avec orgueil, en contribuant à rendre libre une
» des plus belles parties de l'Europe. Votre accueil m'a déjà
» prouvé que vous m'avez compris. *Je ne viens pas ici avec un*
» *système préconçu pour déposséder les souverains, ni pour*
» *vous imposer ma volonté.* Mon armée ne s'occupera que de
» deux choses : combattre vos ennemis et maintenir l'ordre in-
» térieur; elle ne mettra aucun obstacle à la libre manifesta-

» tion de vos vœux légitimes. La Providence favorise quelque-
» fois les peuples comme les individus, en leur donnant occa-
» sion de grandir tout à coup ; mais c'est à la condition qu'ils
» sachent en profiter.

» Profitez donc de la fortune qui s'offre à vous ; votre désir
» d'indépendance, si longtemps exprimé, si souvent déçu, se
» réalisera, si vous vous en montrez dignes. *Unissez-vous donc
» dans un seul but : l'affranchissement de votre pays. Organi-
» sez-vous militairement*, volez sous les drapeaux du roi VICTOR
» EMMANUEL, qui vous a déjà si noblement montré la voie de
» l'honneur ; souvenez-vous que, sans discipline, il n'y a pas
» d'armée, et, animés du feu sacré de la patrie, ne soyez aujour-
» d'hui que soldats ; demain vous serez citoyens libres d'un
» grand pays.

» Fait au quartier impérial de Milan, le 8 juin 1859.

» NAPOLÉON. »

A la date du 11 juin, la correspondance de Turin annonçait
que le quartier général de l'ennemi était à Cavatigozzi, petite
ville située sur la rive gauche de l'Adda, entre Pizzighetone et
Crémone, à 30 kilomètres sud-est de Milan.

La position, dit la correspondance, était bien choisie, attendu que les restes de l'armée autrichienne se trouvaient proté-
gés par l'Adda et par la nature même du pays, où les défilés
étant nombreux, il devenait difficile de mettre des troupes considérables en ligne de bataille. Comme il ne se trouvait pas de
pont à Crémone pour passer l'Adda, les Autrichiens ayant détruit, en se retirant, tous ceux qui existaient sur cette rivière,
en amont de Pizzighetone, il était possible qu'il fallût livrer
une grande bataille pour traverser l'Adda, à moins que l'armée
française ne réussît à passer sur le pont de Lodi, en poursuivant
l'ennemi.

La position de Marignano perdue, et une fois en retraite sur
l'Adda, les Autrichiens s'étaient vus dans la nécessité d'abandonner Pavie pour ne pas être coupés en deux ; d'un côté les
corps de Zobel et de Benedeck ; de l'autre, les corps de Clam-
Gallas et Schwarzemberg ; mais ils couraient peut-être encore
le risque d'être coupés dans les deux positions de Cavatigozzi
et Crémone, sur la rive gauche du Pô, et à Plaisance sur la
rive droite. Il y avait des probabilités qu'avant peu ils seraient
rejetés sur la dernière ligne de défense, le Mincio et l'Adige.

Après avoir fait leur manifestation pour le roi de Sardaigne,
les habitants de Parme avaient envoyé, auprès de Victor-Emmanuel, une commission composée des hommes les plus influents
du pays, et bien connus pour leur attachement à la cause de

l'ordre et de l'indépendance nationale; cette commission avait pour mandat de demander l'annexion du duché de Parme avec le Piémont.

A Florence, le 9 juin, un *Te Deum* était chanté pour célébrer la victoire de Magenta et la délivrance de Milan. Le gouvernement avait recommandé aux citoyens l'abstention de toute manifestation bruyante; aussi, pénétrée de l'importance de cette prescription, la population florentine assistait à la cérémonie dans un maintien aussi digne que plein d'émotion.

Dès le 8 juin, au matin, Garibaldi occupait Bergame. En apprenant que 1,500 Autrichiens venaient de Brescia, il avait envoyé un détachement qui, quoique peu nombreux, battait cependant l'ennemi.

Le *Bulletin officiel* de Turin, daté du 11 juin, contenait ce qui suit :

« Les Autrichiens ont évacué Plaisance, après avoir détruit la citadelle et les autres fortifications, et abandonné une quantité considérable de vivres, de canons et de munitions.

« Nos troupes, appelées par la municipalité sont entrées dans la ville.

« Les Autrichiens se sont renforcés à Brescello. »

Nous mentionnons ici un fait qui, s'il est en dehors des événements militaires, se rattache néanmoins à la délivrance de la Lombardie.

Le 15 janvier 1857, l'empereur d'Autriche entrait à Milan; le jour même, une souscription était ouverte parmi les Milanais pour élever à l'armée sarde le monument de la place du Château, à Turin, qui représente un soldat italien tenant un sabre d'une main, et de l'autre le drapeau national. Sur le piédestal, on voit un petit bas-relief représentant S. M. Victor-Emmanuel à cheval, à la tête de ses troupes. Sur la réclamation de M. de Buol, M. le comte de Cavour promit qu'aucune inscription offensante pour l'Autriche ne serait posée sur ce monument, tant que la guerre n'existerait pas entre les deux États, et tant que l'Autriche serait maîtresse de la Lombardie. Les Français et les Sardes étant à Milan, la parole de M. de Cavour n'était plus engagée, et le 8 juin, à onze heures du matin, l'inscription ci-après était peinte sur le piédestal du monument, au dessus du bas-relief, tandis que la musique de la garde nationale joignait ses accents aux applaudissements de la foule : « *Les Milanais, à l'armée Sarde, le 15 janvier 1857.* » La date de l'inscription rappelle un jour d'oppression pour les Milanais, tandis que celle du jour où elle a été posée est pour eux la date de la délivrance, puisqu'à cette même date, le roi Victor-Emmanuel entrait en vainqueur à Milan.

Une dépêche de Vienne, datée du 11 juin annonçait l'arrivée de la duchesse de Parme à Vérone et la mort du prince de Metternich.

Le prince de Metternich, qui eut la réputation d'un des plus habiles diplomates de son époque, naquit à Coblentz en 1769. A Strasbourg où il fit une partie de ses études, il fut le condisciple du fameux Benjamin-Constant.

Il parut à la cour d'Autriche en 1790. Nommé secrétaire du congrès de Rastadt, il se fit remarquer par l'empereur François II, qui le nomma ambassadeur à Dresde, puis à Berlin, et à Paris, en 1806.

L'empereur Napoléon 1er avait été séduit par les brillantes qualités du jeune diplomate, qui, pendant trois ans, parut témoigner la plus vive admiration pour le génie du grand homme, et affecta même, en plusieurs circonstances, de se séparer du gouvernement qu'il représentait. Ce n'était là qu'une ruse pour arriver à ses fins; aussi, dès qu'il pensa avoir atteint son but, il chercha et réussit à se faire renvoyer. Napoléon, furieux d'avoir été joué par M. de Metternich, le fit reconduire jusqu'à la frontière sous l'escorte de la gendarmerie; mais cette colère ne dura pas longtemps. Le diplomate parvint à regagner les bonnes grâces de l'Empereur, au congrès de Schœnbrun; ce fut lui qui, le premier, eut l'idée de faire épouser une archiduchesse d'Autriche au dominateur de l'Europe; il fit conclure ce mariage et conduisit lui-même Marie-Louise en France. Cependant, bientôt après, il brouillait Napoléon avec la Russie, et, en 1813, il signait à Tœplitz l'adhésion de l'Autriche à la coalition. Le soir même de la bataille de Leipzig, François II lui conféra le titre de prince en récompense de ses bons services.

Doué d'une prodigieuse activité, M. de Metternich prit part aux conférences de Francfort, Fribourg, Bâle, Langres, Chaumont; au congrès de Châtillon; il présida aussi le congrès de Vienne, qui est son œuvre. Il était plénipotentiaire de l'Autriche aux congrès: de Paris, en 1815; d'Aix-la-Chapelle en 1818; de Carlsbad, en 1819; de Troppau et Laybach, en 1820. En 1822, il assistait au congrès de Vérone; en 1826, il était président du conseil des affaires étrangères.

La mort de l'empereur d'Autriche n'enleva rien de son influence à M. de Metternich; il accompagna le nouveau souverain aux conférences de Tœplitz et de Prague, dont le but était de consolider l'alliance entre l'Autriche, la Prusse et la Russie.

Ce fut lui qui, en 1840, contribua le plus à isoler la France et à l'exclure du traité du 15 juillet.

En 1848, la révolution, qu'il croyait avoir vaincue, le renversa; il quitta d'Autriche en fugitif et se retira en Hollande, puis à Bruxelles. Rentré à Vienne, en 1851, il continua, bien que retiré de la vie politique, à exercer une grande influence, et c'est par ses inspirations qu'agissait encore le ministère de M. de Buol.

Dans le *Moniteur* du 12 juin, on lisait ce qui suit :

Milan, 12 juin, 10 heures.

« Une partie de l'armée française a passé l'Adda, sans coup férir. Dans la précipitation de sa retraite de Plaisance, l'ennemi a abandonné un grand nombre de canons, et les magasins pleins de vivres et de munitions. »

Une dépêche de Turin, du 12 juin, annonçait que dans la nuit précédente, les Autrichiens avaient évacué Bologne; que le quartier-général du roi Victor-Emmanuel était à Vimercate, au delà de Monza; enfin, que le service régulier du chemin de fer de Turin au Tessin venait d'être repris.

De l'abandon de Plaisance, il paraissait résulter que l'ennemi ne pourrait plus tenir sur l'Adda, et qu'il serait obligé de se retirer sur l'Oglio, ou plus loin encore, sur le Mincio. Il était difficile, en effet, que les Autrichiens pussent se maintenir sur l'Oglio, s'ils n'avaient pas assuré leurs communications entre Bazzalo, Marcaria et Garruolo.

A la vérité, ils avaient des forces à Brescello pour défendre leur gauche, appuyée sur le Pô ; mais, ayant abandonné précipitamment la ligne du Pô de Pavie à Plaisance, ils allaient être forcés d'abandonner Crémone, Casal-Maggiore, Brescello et Guastalla. Dès-lors, il ne devait plus leur rester que la ligne du Mincio; car le soulèvement de Bologne menaçait déjà Ferrare, leur dernière position sur le Pô.

Pendant que, sur la rive gauche du Pô, une partie de l'armée franco-italienne devait manœuvrer de manière à empêcher l'ennemi de se rallier, l'autre partie, sur la rive droite, allait marcher en avant et menacer les positions du duc de Modène, dans lesquelles positions s'étaient retranchées les troupes autrichiennes qui étaient à Bologne.

Voici l'adresse remise par la municipalité de Milan à S. M. l'Empereur :

A Sa Majesté l'Empereur Napoléon III, la ville de Milan.

« Sire,

» Le conseil communal de Milan a tenu, aujourd'hui même, une séance extraordinaire dans laquelle il a décidé, par acclamation, que la congrégation municipale présenterait à S. M. l'empereur Napoléon III, une adresse exprimant la vive recon naissance du pays pour son généreux concours à la grande œuvre de la délivrance de l'Italie.

» Sire, la congrégation municipale se regarde comme très honorée d'un mandat aussi élevé, mais elle sait combien les paroles sont impuissantes pour le remplir.

» Dans un discours dont tous admirèrent les magnanimes sentiments, mais que les Italiens accueillirent avec une religieuse joie et surent interpréter comme un splendide augure, Votre Majesté disait qu'elle se reposait sur le jugement de la postérité.

» Sire, le jugement sur la sainteté de la guerre que Votre Majesté a entreprise de concert avec le roi Victor-Emmanuel II, est désormais prononcé par l'opinion unanime de l'Europe civilisée, et les noms de Montebello, de Palestro et de Magenta appartiennent déjà à l'histoire. Mais si, au jour de la bataille, la grandeur des plans de Votre Majesté, égalée à peine par l'héroïsme de vos soldats, vous rend sûr de la victoire, nous ne pouvons, le lendemain, que déplorer amèrement la perte de tant de braves qui vous suivirent au champ d'honneur. Les noms des généraux Beuret, Clerc, Espinasse, et de tant d'autres héros tombés prématurément, figurent déjà dans le sanctuaire de nos martyrs, et demeureront gravés dans le cœur des Italiens comme dans un monument impérissable.

» Sire, notre reconnaissance pour V. M. et pour la grande nation que vous avez été appelé à rendre plus grande encore sera manifestée avec plus d'énergie par toute l'Italie rendue libre; mais nous sommes fiers, en attendant, d'être les premiers à l'exprimer, comme nous avons été les premiers à être délivrés de l'odieux aspect de la tyrannie autrichienne.

» Permettez-nous, sire, de saluer votre majesté par ce cri de notre peuple : *Vive Napoléon III! vive la France!*

(Suivent les signatures).

Dans le même moment, la duchesse de Parme, ayant dû sortir de ses Etats, et après avoir autorisé la municipalité à s'adjoindre trente personnes des plus notables du pays, pour aviser aux plus pressantes des mesures que semblaient nécessiter les circonstances, faisait publier cette proclamation :

« J'appelle l'histoire et vous tous, habitants de l'Etat, en témoignage des actes du gouvernement de ma régence.

» Les idées les plus ferventes, les plus flatteuses pour les esprits italiens, sont venues se joindre, sous ma régence, aux progrès pacifiques et sagement libéraux vers lesquels tous mes soins étaient tournés ; mais les événements qui se passent en ce moment m'ont placée entre deux exigences contraires : prendre part à une guerre de nationalité, ou ne pas agir contre les

:onventions auxquelles le duché de Plaisance et l'Etat entier étaient déjà soumis longtemps avant que je ne gouvernasse.

» Je ne dois pas contredire les vœux que l'Italie proclame, ni manquer à la loyauté. La situation neutre, celle qui semblait le mieux convenir aux conditions exceptionnelles faites par ces conventions à ce pays n'étant plus possible, je cède aux événements qui me pressent, recommandant à la municipalité de Parme de nommer une commission gouvernementale pour la défense de l'ordre, des personnes et des choses, pour l'administration publique, pour donner une destination convenable aux troupes royales, et pour pourvoir aux autres mesures qui sont commandées par les circonstances.

» Et je me retire dans un pays neutre, auprès de mes fils aimés, desquels je déclare conserver les droits pleins et intacts, en les confiant à la justice des hautes puissances et à la protection de Dieu.

» Bonnes populations de toutes les communes des duchés, votre souvenir restera cher à mon cœur partout et toujours.

» Parme, 9 juin 1859.

» Signé : LOUISE, régente. »

D'après les nouvelles reçues de Turin, sous la date du 13 juin, les Autrichiens avaient évacué Reggio, Brescello, et se préparaient à évacuer aussi Modène ; l'ennemi était en pleine retraite dans la direction de la rivière l'Oglio ; il avait détruit, à l'aide de mines, tous les ponts existants sur l'Adda et les autres rivières.

Le *Bulletin officiel* de Turin, du 14, contenait ce qui suit :

» Crema est libre. L'ennemi s'est retiré partie sur Montechiari, partie sur Mantoue. »

« Grand quartier général de Cassano, 13 juin, 6 heures du soir.

» L'Empereur a transporté son quartier général à Gorgonzola. Il a fait jeter, en sa présence, des ponts de bateaux sur les rivières de l'Adda et la Muzza, près Cassano.

» Les eaux de l'Adda, grossies par les orages, rendaient l'opération fort difficile ; néanmoins, les pontonniers l'ont exécutée avec succès.

» Le mouvement en avant et le passage ont continué pendant la journée d'hier ; l'opération sera terminée demain.

» L'armée sarde a passé l'Adda à la hauteur de Vaprio. Malgré les pluies torrentielles que les troupes ont eues à supporter depuis quelques jours, la santé de l'armée est très satisfaisante, et le soldat n'a rien perdu de sa gaîté. Le temps s'est remis au beau. »

Ainsi, quelle que fût la promptitude avec laquelle l'ennemi

opérait sa retraite, nos troupes ne cessaient d'être sur ses traces, et leur marche en avant n'avait pu être arrêtée par la destruction des ponts de Vaprio, Cassano, Lodi et Pizzighetone. Dans la journée du 12 juin, l'Empereur transférait son quartier général à Gorgonzola, et dans l'après-midi de ce même jour, sa majesté faisait jeter, en sa présence, deux ponts de bateaux sur l'Adda, à la hauteur de Cassano; en même temps, on réparait les ponts que l'ennemi avait coupés. La rivière, grossie par les pluies des jours précédents, avait acquis une force et une rapidité qui compliquèrent les difficultés de l'entreprise, mais n'en purent empêcher le succès. Comme à la Sésia et au Tessin, les pontonniers, sous l'habile direction du général Lebœuf, conquirent de nouveaux titres à la reconnaissance de l'armée. A peine les ponts étaient-ils jetés, que l'armée commençait son mouvement et effectuait le passage, qui était achevé le 14. La petite ville de Cassano, en face de laquelle l'armée française avait passé l'Adda, est située sur la route qui conduit à Chiari et à Brescia, et est traversée par le chemin de fer de Milan à Bergame. Vaprio, où l'armée sarde a franchi la même rivière, situé un peu plus haut, commande la route de Milan à Bergame.

Ces dispositions donnaient lieu de penser que le gros de l'armée alliée allait se diriger vers Brescia pour franchir la Chiese du côté de Lonato et de Castiglione, afin d'établir l'aile gauche non loin de Peschiera, l'une des places fortes du fameux quadrilatère. De sorte qu'en laissant provisoirement Mantoue de côté, on contraindrait l'ennemi à reporter aussi ses forces près du lac de Garde, pendant que le prince Napoléon, à la tête du 5e corps, manœuvrerait sur la droite du Pô se rapprochant de plus en plus de l'Adige, pour tourner enfin la ligne du Mincio.

La dépêche arrivée de Turin, et portant la date du 15 juin, annonçait que l'ennemi se retirait au-delà de l'Oglio; que les armées alliées continuaient d'avancer; qu'un corps autrichien, parti d'Ancône pour Pesaro, s'était dirigé vers le Pô inférieur, afin de se rallier aux troupes formant la garnison de Venise; enfin, que Forzi, Faënza, Imola, et d'autres municipalités de la Romagne, venaient de se prononcer en faveur de la cause nationale.

D'après d'autres dépêches, également datées de Turin, les Autrichiens paraissaient toujours vouloir se concentrer à Montechiarri à 140 kilomètres de l'Adda, c'est-à-dire, au lieu même d'où partit, en 1848, le maréchal Radetsky, pour faire sa première campagne. Mais jusque-là, rien ne donnait lieu de penser que le général Hess, qui avait pris le commandement en chef de l'armée autrichienne, fût appelé à être aussi heureux dans ses opérations militaires que ce même Radetski, dont il a été le chef d'état-major.

Chaque jour voyait s'accroître le nombre des villes qui proclamaient leur indépendance et demandaient leur annexion au Piémont. A la date du 14 juin, la correspondance de Turin annonçait que la ville de Reggio, située dans le duché de Modène, sans tenir compte de la présence d'un corps autrichien assez nombreux qui se trouvait à Modène, ville peu éloignée de Reggio, s'était prononcée formellement. Ses habitants auraient dit : « Nous sommes libres, nous voulons être les sujets du roi Victor-Emmanuel, » et le nouveau régime aurait été immédiatement inauguré, aux cris unanimes de *Vive le Roi!*

A la date du 16 juin, le *Bulletin officiel* de Turin contenait les détails qui suivent :

« L'armée sarde a passé le Serio, le 13, se portant sur l'Oglio. L'avant-garde se trouvait à Coccaglio. Le quartier général est à Palazzuolo. Garibaldi est resté à Brescia jusqu'au 12 au soir.

» Le corps d'armée du général Urban a quitté Coccaglio, dans la matinée du 13, paraissant se diriger sur Orzinovi. »

En suivant le mouvement de retraite de l'armée autrichienne, nous voyons qu'au 15 juin, cette armée était dans les positions que voici :

La droite, après avoir successivement abandonné sa ligne de défense sur l'Adda, le Serio, le Mello, l'Oglio, devait probablement s'arrêter sur la Chiese à Montechiari, pour y attendre les alliés et accepter là une grande bataille, à moins qu'elle ne préférât passer le Mincio, et s'abriter derrière ce fleuve.

L'aile gauche opérait aussi pour se concentrer sur le Pô inférieur. La plus grande partie de la garnison d'Ancône arrivait, le 14, à Pesaro, pour se réunir aux troupes venues de Bologne, et qui en étaient parties depuis deux jours.

Enfin, le centre paraissait se concentrer sur la rive gauche du Pô, à en juger par les mouvements qu'exécutaient les troupes autrichiennes du duché de Modène, qui, au nombre de 3 à 4 mille hommes, étaient parties de Brescello, de Carpi, de Novellara, pour se diriger vers Guastalla, passer le Pô à Borghoforte, et de là se porter sur Mantoue. A ces quatre mille Autrichiens de Modène, il faut ajouter les cinq mille qui avaient quitté Bologne, avec 200 hussards et 12 pièces d'artillerie. Ces 9 ou 10 mille hommes devaient être parvenus le 15 sur le Mincio.

Le fait le plus saillant, en l'absence de graves événements sur le théâtre de la guerre, était, à cette date du 15 juin, l'ordre donné par le gouvernement prussien de mobiliser six corps d'armée. Cette nouvelle annoncée par la *Gazette de Prusse* avait produit une certaine impression, au moment où elle fut transmise, parce qu'on attachait à ce fait une signification qu'il n'avait sans doute pas en réalité, surtout en présence des déclarations nettes et franches contenues dans la proclamation de Napoléon III aux Italiens. Le caractère de cette mesure, ainsi le disait du moins le journal qui la mentionnait, était moins offensif qu'éventuel, et elle avait pour principal but de répondre aux impatiences des Etats méridionaux de la Confédération germanique.

Le roi Victor-Emmanuel, en récompense des services rendus par le général Garibaldi, venait de lui décerner la *médaille d'or*, distinction qui paraît être une des plus hautes récompenses militaires que puissent accorder les souverains de ce pays. En effet, si l'on ouvre l'*Annuaire* sarde de 1858, on n'y trouve que trois médailles d'or de la bravoure : Le général La Marmora, le général d'Annono et le colonel Cerale. Les médailles d'or de la Sardaigne forment un véritable bataillon d'élite.

A propos de cet intrépide chef des chasseurs des Alpes, on ne peut passer sous silence une preuve de la haute popularité dont il est entouré en Lombardie. Venu à Milan, le 10 juin, il y fut l'objet d'une sorte d'ovation à laquelle il chercha vainement à se dérober. On l'avait reconnu, et une foule empressée témoignait sa joie par les manifestations les plus enthousiastes. Parvenu avec peine à se dégager du cercle qui l'étreignait, Garibaldi s'éloigna du *Corso* en piquant des deux, et s'esquiva par une rue transversale. Le soir même, il repartit pour Bergame.

Le général de Mac-Mahon, qui a eu la plus glorieuse part dans le brillant succès remporté par nos armes à Magenta, et pour lequel l'Empereur a érigé en duché le nom de cette ville, en faveur du nouveau maréchal de France, recevait, lui aussi, un hommage flatteur de l'admiration de ses compatriotes. Le conseil municipal de la ville d'Autun (Saône-et-Loire) se rendait à Rivault, chez M. le comte de Mac-Mahon, frère du maréchal, et le priait de transmettre à ce dernier les félicitations du conseil, en même temps que l'expression du juste sentiment d'orgueil qu'éprouvait la ville d'Autun, en apprenant la gloire nouvelle dont s'était couvert un de ses enfants, déjà célèbre par la prise de Malakoff.

La *Revue d'Autun* annonçait aussi que les habitants de cette ville avaient conçu l'idée d'ouvrir une souscription pour offrir à M. le maréchal de Mac-Mahon une épée d'honneur. Ce sont là de ces manifestations éclatantes de patriotisme et de sympathie, dont ne peut, quelle que soit sa modestie, refuser le témoignage, celui qui a la gloire et le bonheur d'en être l'objet!

La flotte française qui croisait depuis quelque temps dans

l'Adriatique, et avait déjà effectué différentes prises, ne s'était pas encore livrée, au 16 juin, à des opérations d'une importance réelle. Il y avait d'ailleurs lieu de présumer que le peu de profondeur des eaux, dans les environs de Venise, était une cause du retard dans ces opérations, en formant un obstacle à l'approche des navires de haut bord. Mais des préparatifs se faisaient pour annuler cet obstacle, et, une fois terminés, il était probable que, sur ce point comme sur les autres, on atteindrait un heureux résultat.

En Angleterre, le ministère Derby avait succombé. A la tête de la nouvelle combinaison ministérielle figuraient lord John Russell et lord Palmerston.

Les bulletins peu exacts, donnés par les journaux autrichiens, des événements accomplis sur le théâtre de la guerre, avaient été démentis enfin par l'accablante vérité. La *Gazette de Vienne* n'osait plus nier les victoires des alliés, et, bien qu'elle n'avouât pas la partie perdue, elle déclarait cependant que les choses avaient pris une tournure bien différente de ce que l'Autriche devait espérer, et que le pays ne s'était jamais trouvé dans une situation plus grave. La chute du ministère Derby paraissait à la feuille viennoise, un échec presque aussi douloureux que la défaite de Magenta. Toutefois, à son dire, une espérance restait encore; c'était que si, de méfiante envers la France, la neutralité britannique semblait devoir devenir bienveillante, l'Autriche pourrait se dédommager, par l'attitude qu'allait prendre la Prusse, de ce que lui ferait perdre la nouvelle attitude de l'Angleterre.

Cette espérance n'était pas justifiée, et la presse autrichienne se hâtait un peu de la faire accepter à ses lecteurs comme fiche de consolation.

Mais quelque soin que les feuilles autrichiennes prissent de rassurer l'opinion publique en annonçant que, battues jusqu'alors, les troupes de S. M. l'Empereur et Roi allaient se concentrer sur le Mincio, s'y retremper, et partir de là pour reconquérir la Lombardie, on ne se confiait que médiocrement à ces présages flatteurs. Aussi, toutes les lettres de Vienne constataient l'abattement où étaient plongés les habitants de cette capitale, bien convaincus enfin que la fleur de l'armée avait été décimée à Montebello, à Palestro, à Magenta et à Marignan.

Le 17 juin, le *Bulletin officiel* de Turin annonçait ce qui suit :

« Hier, le quartier-général de l'Empereur était à Covo, sur la route de Bergame à Crémone. Celui du Roi était à Castegnato, à six milles à l'ouest de Brescia.

» Rimini et Cesena se sont prononcées en faveur de la cause nationale.

Dans une lettre-circulaire, adressée par M. le comte de Cavour à tous les représentants du Piémont accrédités auprès des cours étrangères, ce ministre signalait à l'indignation de tous les cabinets européens un acte de barbarie atroce, commis par le général autrichien Urban, sur neuf malheureux Piémontais du village de Toricella dans la province de Voghera. Voici le fait dont il s'agit :

Le 20 mai, jour de la bataille de Montebello, des troupes autrichiennes étaient campées sur les hauteurs de Toricella.

Une patrouille entra dans le village et pénétra dans la demeure des fermiers Cignoli. Une perquisition faite dans la maison amena la découverte d'une petite flasque en cuir contenant une quantité minime de petit plomb de chasse. Les soldats ordonnèrent aux membres de la famille Cignoli et à plusieurs autres personnes qui étaient là, de les suivre; le nombre des individus arrêtés était de neuf. Parmi eux se trouvaient un vieillard de soixante ans et un enfant de quatorze. Amenés devant le commandant autrichien, qui était sur la grande route, à cheval et au milieu de ses troupes, celui-ci échangea quelques mots avec les soldats qui amenaient ces prisonniers; puis, il ordonna à ces malheureux, qui ne savaient pas se faire comprendre et tremblaient de tous leurs membres, de descendre dans un sentier longeant la route; à peine avaient-ils fait quelques pas, que le commandant donna l'ordre à un peleton, rangé sur le chemin, de faire feu. Huit tombèrent raide morts; le vieux Cignoli, mortellement blessé, ne donnait plus signe de vie. Les troupes autrichiennes se remirent en marche, et le commandant donna à l'individu qui avait été forcé de guider la patrouille autrichienne, un billet qu'il devait présenter au cas où il serait retenu par les troupes qui étaient dans les environs. Ce billet, destiné à servir de sauf-conduit à cet homme, était une carte de visite portant, sous une couronne de comte : *Feld-maréchal-lieutenant Urban.*

En constatant cet assassinat, car un pareil acte ne saurait être qualifié autrement, M. de Cavour ajoutait que tous commentaires étaient inutiles; il disait vrai, et pour flétrir une semblable atrocité, il ne pouvait y avoir qu'une voix unanime dans le monde civilisé !

Dans leur marche à travers la Lombardie, les troupes alliées recevaient partout des témoignages du plus sympathique enthousiasme. Par contre, les Autrichiens, dans leur mouvement rétrograde, voyaient éclater autour d'eux des marques de haine et de répulsion. Cependant, et on est heureux de le constater, les

populations italiennes conservaient vis-à-vis des Autrichiens
une attitude pleine de convenance et de générosité. On aurait
pu craindre, en effet, qu'après avoir eu tant à souffrir du régime oppresseur de l'Autriche, les populations ne se portassent
à des violences ou à des cruautés envers leurs ennemis forcés
de battre en retraite. Mais rien de pareil n'avait lieu : si les Italiens s'applaudissaient et témoignaient hautement leur joie de
voir le territoire lombard délivré des troupes autrichiennes, aucune représaille ne venait attrister le mouvement patriotique
auquel les populations s'associaient avec tant d'empressement.

Les délégués de la ville de Bologne s'étant rendus auprès du
roi de Piémont pour lui offrir la dictature, ce prince leur répondait en ces termes :

« Veuillez bien faire comprendre aux patriotes de Bologne,
que, dans les circonstances actuelles, toutes démarches, toutes
résolutions inconsidérées seraient de nature à compromettre la
cause de l'indépendance. Il ne faut pas que l'Europe puisse
m'accuser de n'agir que par ambition personnelle, et de substituer l'absorption piémontaise à l'oppression autrichienne. Le
Saint-Père, le chef vénéré des fidèles, est resté à la tête de son
peuple ; il ne s'est pas, comme les souverains de Modène, de
Parme et de Toscane, démis de son autorité temporelle, que
nous devons, non seulement respecter, mais consolider ; je dé-
sapprouverai donc tout acte subversif contraire à l'équité et
nuisible à la noble cause que nous servons. N'oublions pas non
plus que Pie IX est un prince italien. »

En refusant la dictature qui lui était offerte, Victor-Emmanuel
acquérait des titres nouveaux à l'estime de l'Italie et de l'Europe conservatrice et religieuse. Hâtons-nous de dire que l'on
n'attendait pas moins de la part de ce prince, renommé à juste
titre pour son désintéressement et sa loyauté chevaleresque.

Le corps du général Garibaldi se renforçait continuellement
de nouvelles recrues. On écrivait de Milan, à la date du 16 juin,
que 2,000 volontaires venaient de partir de cette ville pour rejoindre cette petite armée, qui depuis son entrée en Lombardie s'était augmentée d'environ 500 hommes, fournis, en grande partie, par Varèse, Côme, et, en dernier lieu par Milan, Bergame, Brescia, et les autres villes lombardes délivrées de la
présence des Autrichiens. La liste d'enrôlement pour ce corps,
qui avait été fermée, se rouvrait quelques heures après. L'ardeur et le nombre de ceux qui désiraient s'enrôler prenaient des
proportions si considérables, qu'il était question de recourir à
de nouveaux modes d'enrôlement. On présumait aussi que la
brigade du général Garibaldi serait élevée à la hauteur d'une division, car elle allait compter près de 15,000 soldats, en y com-

prenant une compagnie de génie organisée à Côme, et dans laquelle s'étaient fait inscrire de jeunes ingénieurs.

Telle était la situation des choses vers le milieu de juin. D'un côté, l'armée autrichienne évacuant peu à peu toutes les positions qu'elle avait occupées en Lombardie ; de l'autre, les alliés s'avançant toujours vers la ligne du Mincio.

CHAPITRE X.

SOMMAIRE. — Le comte Schlick remplace le général Giulay dans le commandement en chef de l'armée autrichienne. — États de service du nouveau général. — Entrée de l'Empereur et du roi de Piémont à Brescia, où ils sont accueillis avec transport. — Récompenses décernées par le roi Victor-Emmanuel aux officiers et soldats du 3e zouaves qui s'étaient distingués à Palestro. — Bulletin des 18 et 19 juin ; l'état de siége à Mantoue. — Combat livré à Castenedelo par Garibaldi au général Urban. — Évacuation de Montechiari par les Autrichiens ; leurs manœuvres pour assurer leur retraite. — Quelques détails sur le fameux *quadrilatère* de forteresses, composé des places de Peschiera, Mantoue, Legnano et Vérone. — Bulletins des 20 et 21 juin. — L'Empereur quitte Brescia pour se porter à Castenedelo. — Mouvements de l'armée alliée ; les Piémontais s'avancent vers Peschiera ; les Français passent la Chiesa à Montechiari. — Note publiée au *Moniteur* du 24 juin. — Adresse du clergé de Brescia à Victor-Emmanuel. — A Montechiari, la municipalité de cette ville présente à S. M. l'Empereur les débris de la colonne élevée autrefois à Castiglione par les troupes françaises. — Grande bataille près des bords du Mincio ; dépêche datée de Cavriana annonçant une victoire signalée des alliés. — Manifestations d'enthousiasme qu'excite ce brillant succès à Paris et dans toute la France. — Mêmes démonstrations à Turin. — Ordre du jour de l'empereur d'Autriche à ses troupes, en prenant le commandement en chef. — Premiers détails sur la journée du 24 juin qui prend le nom de bataille de Solferino.

Le gouvernement autrichien venait de désigner le successeur du général Giulay au commandement de l'armée ; son choix était tombé sur le comte de Schlick de Bassano et Weisskirch, conseiller aulique et chambellan de Sa Majesté, et général de cavalerie.

Né en 1789, et entré au service en 1808, le comte de Schlick fit les campagnes qui se succédèrent depuis cette époque jusqu'en 1814 ; il était alors chef d'escadron et officier d'ordonnance de l'empereur François II. Il avait perdu un œil à la bataille de Wachau. Le reste de son avancement, jusqu'au grade de feld-maréchal-lieutenant, eut lieu en pleine paix. En 1848, après la révolution de Vienne, appelé à commander un corps d'armée de 8,000 hommes environ, il réussit à se maintenir contre les insurgés ; plus tard, il se réunit au général Haynau pour marcher contre les Hongrois, et prit une part active à cette campagne. Lorsqu'en 1854, l'Autriche fit quelques armements à l'occasion de la guerre d'Orient, le comte de Schlick eut successivement le commandement du 1ᵉʳ et du 4ᵉ corps d'armée en Galicie.

Dans les circonstances difficiles où se trouvait l'armée autrichienne, démoralisée par tant de défaites successives, par tant d'échecs éprouvés coup sur coup, le nouveau général n'était peut-être pas l'homme de la situation. C'était du moins ce que donnait à entendre la correspondance de Vienne, qui, en avouant que le comte de Schlick pouvait être regardé comme un bon sabreur, déclarait en même temps que l'on doutait généralement que ses capacités fussent à la hauteur du poste éminent qu'il allait occuper.

Le *Moniteur* du 18 juin publiait la dépêche suivante :

Brescia, 18 juin.

« LL. MM. l'Empereur et le Roi sont entrés à Brescia. »

Cette nouvelle était confirmée par une autre dépêche datée de Turin, 18 juin, et ainsi conçue :

« L'Empereur est entré à Brescia, accompagné du roi de Piémont. La population s'est portée avec enthousiasme à la rencontre de Leurs Majestés.

» La marche des troupes alliées en Lombardie est une véritable et continuelle ovation. »

D'autres détails annonçaient que l'accueil fait au roi Victor-Emmanuel par les habitants de Brescia, dépassait tout ce que l'imagination pouvait imaginer en fait d'enthousiasme et de cordialité. Brescia, en 1848, fut la ville la plus héroïquement dévouée à la dynastie de Savoie; cette noble et antique cité est toujours demeurée fidèle à ses glorieuses traditions.

La *Gazette piémontaise* publiait, le 18, la liste des récompenses accordées par le roi Victor-Emmanuel aux militaires du 3ᵉ régiment de zouaves qui s'étaient distingués à Palestro.

Le drapeau du régiment était décoré de la médaille d'or de la valeur militaire.

Le colonel Chabron était nommé commandeur de l'ordre militaire de Savoie. — MM. Dumoulin, Boëher, Debuche, Saint-Martin, Parquet, et Defranchessin étaient nommés officiers du même ordre.

Enfin, suivaient les nominations au grade de chevalier, et une longue liste de médailles d'argent accordées aux militaires, depuis le grade d'adjudant jusqu'aux simples zouaves.

Voici le bulletin que donnait le *Moniteur* du 20 juin :

Mantoue, 18 juin.

» L'état de siége a été proclamé; ordre a été donné d'approvisionner la place. On a déclaré l'émission de 50 millions de florins, en papier-monnaie lombard-vénitien, avec cours forcé. »

« Vienne, 19 juin. »

» On mande de Vérone, à la date du 18, que, dans la matinée, l'Empereur François-Joseph a passé l'inspection du 1° et 8° corps d'armée, campés à Lonato. »

Un combat avait eu lieu entre le corps d'armée du général Garibaldi et celui du général Urban, à Castenedelo, localité située entre Brescia et Peschiera. Le *Bulletin officiel* de Turin, daté du 19, donnait sur cette rencontre les détails qui suivent :

Le général Garibaldi, désirant établir un pont sur la Chiese, pour maintenir ses communications avec Brescia, avait placé une partie de ses troupes à Rezzato et à Treponti, pour faire face aux avant-gardes autrichiennes arrivées jusque-là.

Quelques compagnies des chasseurs des Alpes attaquèrent les postes ennemis, qui lâchèrent pied, et furent poursuivis jusque sous Castenedelo, où le gros des forces autrichiennes tenta d'entourer les chasseurs. Ceux-ci se retirèrent, et Garibaldi, qui était accouru, remit ses troupes dans leur position précédente, après avoir causé de grandes pertes à l'ennemi.

Les chasseurs des Alpes eurent à cette affaire, cent hommes morts ou blessés.

Le roi Victor-Emmanuel a ordonné à la 4° division de l'armée sarde de prendre position. Le général Cialdini a porté une partie de sa division à Rezzato pour soutenir Garibaldi. Les Autrichiens se sont retirés à Castenedelo, et ont fait sauter le pont sur la Chiese devant Montechiari.

Une nouvelle dépêche, transmise par le *Bulletin officiel* de Turin, sous la même date que le précédent, mais quelques heures plus tard, contenait ce qui suit :

Les Autrichiens ont évacué Montechiari. L'aile droite de leur armée serait allée à Lonato, se dirigeant sur Peschiera ; le centre aurait occupé les hauteurs de Castiglione ; l'aile gauche serait allée vers Castel-Goffredo.

Pendant ces jours derniers, Montechiari a été traversé par 80,000 Autrichiens, 6,000 chevaux et 12 batteries d'artillerie. Le 17, l'armée italienne a fait un mouvement en avant.

Voici ce qu'on annonçait de Berne, à la date du 18 :

Les Autrichiens, occupant en grand nombre le passage de Stelvio, ont fait sauter le pont du Diable, tout en défendant le passage avec de l'artillerie. Ils élèvent des retranchements à Nauders. Un corps français de 3,000 hommes, avance à marches forcées sur cette position.

Les officiers de Garibaldi organisent des corps-francs dans la Valteline.

Cette manœuvre des Autrichiens dans la Haute-Valteline, ne pouvait avoir de conséquences sérieuses. Désormais, le terrain du combat se trouvait placé entre le lac de Garde et Mantoue, d'une part, entre Venise et Vienne, de l'autre. C'était sur cet échiquier que devaient se développer tous les plans; le reste n'avait pas d'importance. En effet, le 5e corps de l'armée française, commandé par le prince Napoléon avait commencé son mouvement vers Modène. Outre deux divisions d'infanterie et une division de cavalerie, le prince avait encore sous ses ordres 10,000 Toscans et un corps de 200 chevaux, qui portaient son corps d'armée à un effectif suffisant pour dominer toute la rive droite du Pô. Ces forces, combinées avec la flotte de l'Adriatique, allaient être appelées à prendre part au mouvement concentrique qui s'opérait.

Les Autrichiens avaient terminé l'évacuation de Montechiari, et complétèrent leur mouvement de retraite, d'un côté sur Peschiera, de l'autre sur Mantoue. Cette nouvelle, donnée par les bulletins officiels de Turin, impliquait la continuation du mouvement en avant de l'armée franco-sarde. A en juger par la rapidité avec laquelle s'accomplissaient les manœuvres des troupes alliées, tout se réunissait pour faire prévoir une prochaine et grande bataille entre Peschiera et Mantoue, à moins que les Autrichiens ne préférassent, à une rencontre en rase campagne, se renfermer décidément dans leurs places fortes.

Le fameux quadrilatère formé par les places de Mantoue, Vérone, Peschiera, et Legnano, mérite d'être l'objet de quelques détails. Il est compris entre le Mincio, l'Adige, le lac de Garde et le Pô inférieur, depuis Mantoue jusqu'à Polesella. Le Mincio forme le front défensif de ce formidable carré.

De Peschiera à Mantoue, seule partie abordable de la ligne, l'autre partie de Mantoue à Governolo étant un marécage, de Peschiera à Mantoue, disons-nous, le Mincio coule sur une étendue de six lieues à vol d'oiseau.

Le cours du Mincio présente à une armée qui, venant de Mantoue, veut en forcer le passage, deux positions seulement où l'on peut tenter cette entreprise avec succès; ce sont celles de Mozambano et de Volta. Sur ces deux points, la rivière fait un coude du côté de l'ouest, et le terrain de la rive droite plonge d'une manière sensible sur celui de la rive opposée. Pendant les guerres de la révolution, en 1796 et en 1800, de même que pendant la campagne de 1848, les deux points qui viennent d'être désignés, furent choisis pour franchir le Mincio. Il est vrai qu'une armée, maîtresse des villages de Ponti, de Valeggio et de Pozzolo, sur la rive gauche, a de grandes facilités pour s'opposer au passage ; surtout, parce que la possession de deux places comme Peschiera et Mantoue, sur une si courte ligne, rend plus facile sa défense, car ayant ses ailes parfaitement appuyées, elle peut déboucher à l'improviste de l'une ou l'autre de ces forteresses.

Cependant, l'histoire est là pour apprendre que le passage du Mincio est facile à une armée habilement conduite. Les Autrichiens ne purent interdire ce passage à Bonaparte, en 1796, ni à Brune, en 1800, malgré la bataille que lui livra Bellegarde, ni en 1848, à l'armée sarde, qui força la rivière sur trois points, à Goïto, Mozambano et Borghetto.

Une fois le passage conquis, on se trouve au centre du quadrilatère et des places qui en gardent les quatre coins : Peschiera, Mantoue, Legnano et Vérone ; voici quelques détails sur leur force et leur situation.

Peschiera, située à un endroit où le Mincio sort du lac de Garde, a une assez grande importance, parce qu'elle rend maître du lac, commande la route de Brescia à Vérone, et tient les écluses qui permettent d'augmenter ou de diminuer à volonté le volume d'eau du Mincio. Les fortifications de Peschiera, place de second ordre, ont été augmentées depuis 1848 ; à cette époque, elle capitula après un siége d'un mois, dirigé par le duc de Gênes, frère du roi Victor-Emmanuel.

Mantoue, place de premier ordre, et généralement regardée comme la clé de l'Italie avant que Vérone eût acquis son importance politique et militaire actuelle, est située au milieu de trois lacs et de marais formés par les eaux du Mincio, dont elle garde l'extrémité inférieure. Mantoue communique avec la terre ferme par cinq chaussées fortifiées : Roverbello, Legnano, Modène, Borghoforte et Crémone. La citadelle dite *la Favorite*, qui défend la communication de Roverbello, est protégée contre une surprise par l'inondation factice que provoquent des machines hydrauliques. Ce moyen a été employé par les Autrichiens, en 1848, contre l'armée piémontaise.

Il est assez facile de bloquer Mantoue, à cause de son isolement, et pour cela, il ne faut qu'être maître, par des ouvrages, des débouchés des cinq chaussées qui établissent les communications avec la terre ferme. Aussi un corps d'armée destiné à faire le siége de la place, peut être inférieur à la garnison qui l'occupe ; et le général Serrurier, en 1796, y retenait, avec 8,000 hommes seulement, des troupes une fois plus nombreuses.

Legnano est une bonne tête de pont sur l'Adige, dont elle défend le cours inférieur, protégée en outre par l'inondation factice de la Molinella. Le général Kray employa cette ressource contre Schérer, en 1799.

Vérone, qui défend le centre de l'Adige, est, comme Mantoue, une place de premier ordre, fortifiée dans le système des tours dites Maximiliennes. Cette ville est située au pied des dernières pentes du Montebaldo. Une série de hauteurs masquées par les villages de Chievo, Massino, Santa-Lucia, Tomba et Tombetta, s'étend à l'ouest devant la ville, formant un vaste camp retranché d'environ six kilomètres d'étendue, ayant la forme d'un demi-cercle, dont les deux extrémités vont rejoindre l'Adige à Chievo et à Tombetta.

Vérone, qui depuis l'évacuation de Milan était le centre du gouvernement autrichien en Italie, a une immense valeur stratégique, parce qu'elle tient les routes du Tyrol et du Frioul, et que les plus hautes considérations militaires s'attachent à sa possession, comme principale défense de la ligne de l'Adige.

Ce fleuve, dont le cours est parallèle à celui du Mincio, forme le second obstacle que rencontre une armée après avoir franchi cette dernière rivière. L'Adige est très rapide jusque vers Magnano, où ses rives s'abaissent, et le passage en devient facile depuis ce point jusqu'à Carpi, sauf à bloquer ou à occuper Legnano. Au nord, Bussolengo, sur la rive droite, est aussi une position convenable pour tenter d'y passer ce fleuve. C'est là que Brune opéra son passage en 1800; mais, en 1848, les Piémontais se bornèrent à occuper Bussolengo, sans tenter le passage de l'Adige.

Les positions de Rivoli et de Corona, si célèbres dans nos guerres, et qui se trouvent au nord de Vérone, et furent, en 1848, le théâtre de maints combats, notamment celui du 22 juillet, si glorieux pour le Piémont.

Telles sont les forces de cette ligne si importante. Le Mincio et l'Adige franchis, les quatre places fortes prises ou bloquées, c'en était fait de la domination autrichienne en deçà des Alpes, car notre flotte tenant l'Adriatique, Venise n'était pas une base de résistance comparable au quadrilatère.

Le *Moniteur* du 22 juin publiait la dépêche que voici :

« Brescia, 20 juin.

» On annonce que les Autrichiens qui, en très grand nombre, occupaient de fortes positions à Lonato, Castiglione et Montechiari, où ils s'étaient fortifiés avec soin en crénelant les murs, en coupant les ponts et en établissant de nombreuses batteries, ont abandonné aujourd'hui toutes ces positions.

» L'Empereur a quitté Brescia aujourd'hui pour partir en avant. »

Une autre dépêche officielle, datée aussi de Brescia, le 20 juin, 10 heures du soir, contenait ce qui suit :

« L'ennemi continue son mouvement de retraite. Demain l'Empereur part pour Castenedolo. Tout va bien. »

Les dernières nouvelles de Lucques annonçaient que le prince Napoléon était décidé à marcher rapidement vers la portion de la Lombardie qui se trouve sur la rive droite du Pô, de manière à passer le fleuve entre Mantoue et Ferrare, et de telle sorte que si les Autrichiens ne se hâtaient pas d'évacuer cette dernière place, ils se trouveraient nécessairement coupés.

Le *Bulletin officiel* de Turin, signalait de nouveaux mouvements faits par l'armée sarde pour se porter en avant; qu'elle se dirigeait, non plus vers Lonato, position qui ne présentait pas un terrain convenable, pour y livrer une grande bataille, mais vers les grandes plaines situées entre Castiglione-delle-Stiviere, Castelgoffado, Guidizzolo, Volta et Goïto.

La bataille, que toutes les probabilités faisaient regarder comme prochaine, paraissait devoir se livrer plutôt sur la droite que sur la gauche, et plutôt vers le Pô que vers les collines et le lac de Garde.

Une dépêche de Turin, du 21 juin, portait que l'on mandait de Brescia, le 19, que la veille, dans la matinée, le général Garibaldi, marchant de Salo vers Descurano, avait rencontré des forces considérables qui l'avaient contraint de rétrograder; qu'un vapeur autrichien du lac de Garde, ayant fait feu sur le corps de Garibaldi, avait été réduit au silence par notre artillerie; enfin, que Fano, Urbino, Sossombrone, Tisi et Ancône, s'étaient prononcées pour la cause nationale.

Le fait saillant du jour, disait la correspondance de Paris, datée du 23 juin, était la dépêche annonçant que la veille, les Piémontais s'étaient avancés du côté de Peschiera, où ils avaient attaqué avec succès les avant-postes autrichiens; tandis que, de leur côté, les Français, qui avaient passé la Chiese à Montechiari, surprenaient une grand'garde autrichienne, à Goïto, où se trouve un pont sur le Mincio. Ces nouvelles, confirmées par le *Bulletin officiel* de Turin (23 juin), semblaient indiquer l'intention des alliés de forcer le passage du Mincio sur plusieurs points en même temps.

Les adversaires de la politique du gouvernement français n'osaient plus accuser l'empereur Napoléon de projets de conquêtes et d'idées ambitieuses, en présence des déclarations réitérées du souverain de la France, empreintes d'un tel caractère de puissance et de sincérité qu'elles avaient réduit au silence la malveillance elle-même. Changeant de batteries, ils cherchaient à reporter sur le roi de Piémont leurs insinuations perfides;

les adhésions enthousiastes que les populations italiennes, délivrées du joug de l'étranger, s'empressaient d'apporter à leurs libérateurs; les offres de dictature faites à Victor-Emmanuel, au souverain qui avait doté ses États d'un régime plein du libéralisme le plus intelligent, servaient de prétexte à des bruits mensongers. De ces faits, les hommes hostiles à la politique impériale, voulaient induire que Napoléon III n'avait renoncé à son ambition personnelle, que pour mettre la force de ses armes et sa prépondérance en Europe au service des ambitions de la maison de Savoie, à laquelle on prêtait le dessein de s'adjuger, à la faveur de nos victoires, la possession d'un vaste royaume embrassant toute la Péninsule.

Pour répondre à ces suggestions perfides, une note était publiée, le 24 juin, dans le *Moniteur*. Nous donnons le résumé de ce document de haute importance :

Expliquant le caractère de la dictature offerte partout en Italie au roi de Sardaigne, la note disait que l'on avait conclu à tort de ces faits que le Piémont, sans consulter les vœux des populations ni les grandes puissances, comptait réunir toute l'Italie en un seul État.

Or, de semblables conjectures, dit la feuille officielle, n'ont aucun fondement. Les populations, délivrées de l'étranger, veulent faire cause commune contre l'Autriche. C'est dans cette intention qu'elles se sont mises sous la protection du roi de Sardaigne.

Mais la dictature est un pouvoir purement temporaire qui, en réunissant les forces communes sous une seule main, ne préjuge en rien les combinaisons de l'avenir.

Enfin, cette note du *Moniteur* ne se bornait pas à réduire au silence, par un énergique démenti, les imputations d'usurpation à l'adresse du roi Victor-Emmanuel ; elle répondait encore, en quelques mots aussi expressifs que concis, aux insinuations qui tendaient à créer un lien de solidarité entre les libérateurs de l'Italie et les auteurs imprudents des manifestations qui se produisaient dans plusieurs villes de la Romagne.

Le conflit sanglant qui venait d'éclater à Pérouse, entre les troupes suisses pontificales et les habitants de cette ville, était un événement doublement déplorable : d'abord, à cause du sang versé ; ensuite, parce qu'il rendait plus difficile la position où se trouvait le pays.

Il y avait lieu de craindre que le mouvement qui se manifestait dans les États de l'Église ne devînt une source nouvelle de complications. Quel que fût le parti qui le fomentât, quelle qu'en fût l'origine, ce mouvement, avait un caractère des plus regrettables, lors même qu'il n'eût été que le produit de l'impatience. Et c'est pour ce motif que le gouvernement français niait toute participation aux manifestations de la Romagne, et déclarait en repousser la responsabilité. En communauté d'esprit et de vues avec le roi de Sardaigne, il fait bon accueil aux populations délivrées du joug autrichien et à celles que leurs souverains ont abandonnées; mais, par la déclaration nouvelle insérée au *Moniteur*, il répudiait toute alliance avec les partis, quels qu'ils fussent, qui empruntaient le langage et les actes des anarchistes.

Dans le moment même où paraissait la note du *Moniteur*, le clergé de la ville de Brescia, se faisant l'interprète des patriotiques sentiments de la population, présentait au roi de Piémont l'adresse chaleureuse que voici :

« Sire !

» Une voix trop longtemps comprimée par une force inique, libre enfin, s'adresse à vous avec confiance, avec une joie ineffable, en vous conjurant de l'entendre, vous, Sire, qui comprenez les aspirations d'un cœur italien.

» Cette voix, c'est celle du clergé de Brescia, qui vous bénit pour votre constance pour la régénération de l'Italie, pour vos magnanimes efforts en faveur du triomphe de la justice et de la civilisation. C'est la voix du clergé de Brescia qui vous proclame, vous aime et vous vénère comme le bras de la Providence, de ce Dieu qui confond et renverse les orgueilleux, toujours insensibles et sourds aux cris de douleur d'un peuple trop cruellement éprouvé.

Le clergé de Brescia se déclare d'un commun accord prêt à tous les sacrifices pour la patrie et pour Votre Majesté.

Il en fait le serment, Sire ! »

Le clergé de Brescia.

A la date du 21 juin, on écrivait de Milan, que cette ville était désormais abandonnée par les troupes françaises, qui se livraient toutes à la poursuite de l'armée autrichienne ; que, de son côté, l'ennemi rassemblait tout ce qu'il avait de forces éparses en Italie et les concentrait sur sa ligne de réserve, derrière les forteresses du Mincio et de l'Adige ; enfin, que de nouvelles troupes françaises devaient arriver sous peu de jours; qu'en attendant, les habitants de Milan voyaient s'opérer le passage de l'artillerie de siége, passage qui avait commencé depuis le 17 juin.

La même correspondance ajoutait que les Français et les Sardes se trouvaient abondamment pourvus de pontons pour traverser les fleuves, et qu'il était probable que, cette fois, les eaux du Mincio et de l'Adige ne seraient pas plus favorables aux Autrichiens que ne l'avaient été celles du Pô, de la Sésia et du Tessin !

Sous la date du 23, une dépêche de Turin annonçait que l'armée alliée continuait à se rapprocher de l'ennemi, et avait transporté le 20 son quartier général à Montechiari, définitivement évacué le 19 par les Autrichiens, que la cavalerie française avait poussé des reconnaissances jusqu'à Goïto, par la route de Castiglione-delle-Stiviere et Guidizzolo, d'une part, et d'autre part, le long de la Chiese, par la route de Carprenedolo et Aquafredda. Dans l'une de ces reconnaissances, le capitaine Contenson, du 1ᵉʳ régiment des chasseurs d'Afrique, ayant franchi la ligne des vedettes et des petits postes avancés de l'ennemi, avait surpris une grand'garde de hulans, et leur avait tué quelques hommes, et ramené neuf prisonniers et leurs chevaux.

La même dépêche ajoutait que, tandis que les Français opéraient ainsi sur la droite, les Piémontais, sur la gauche, reconnaissaient le terrain depuis Lonato et Rivoltella, dans la direction de Peschiéra, jusqu'aux avant-postes autrichiens, avec lesquels ils en venaient aux mains ; que ces derniers, vivement rejetés en arrière, avaient laissé plusieurs morts sur le terrain, entr'autre deux officiers.

La municipalité de Montechiari était venue offrir à S. M. l'Empereur un pieux souvenir de nos anciennes victoires. La ville de Castiglione, située entre Mantoue et Brescia, est célèbre par plusieurs batailles, dont la dernière fut livrée le 5 avril 1796, par les Français ayant à leur tête le général Bonaparte. Le général Augereau se signala dans cette journée de la manière la plus remarquable ; plus tard, le titre de duc de Castiglione lui fut donné avec une forte dotation, et se joignit pour lui à la dignité de maréchal d'Empire. En souvenir de la victoire de Castiglione, les Français élevèrent sur le champ de bataille une colonne où l'on avait gravé les noms des officiers morts dans ce combat. En 1818, les Autrichiens renversèrent la colonne, mais les habitants de Montechiari en avaient recueillis avec soin les débris. Le 22 juin, la municipalité de cette ville allait à la rencontre de l'armée française, et offrait à l'Empereur ces souvenirs de la victoire remportée par nos pères. S. M. les a acceptés, et a ordonné que la colone serait relevée avec ces mêmes pierres sur le lieu même où les Français l'avaient autrefois érigée.

Le *Moniteur* du 25 juin publiait la dépêche suivante :

« L'Empereur a reçu, à son quartier-général, des adresses des municipalités de Bergame, Varèze, Brescia, exprimant des sentiments de reconnaissance et de dévoûment. »

A la date du 24 juin, on écrivait de Berne, que l'archiduc

gouverneur du Tyrol était arrivé à Nauders pour surveiller l'enrôlement de 24,000 hommes dans le Tyrol et le Voralberg, mais que les Tyroliens se montraient peu empressés à prendre du service.

Battue à Montebello, à Palestro, à Turbigo, à Magenta, à Malegnano, l'Autriche avait voulu jouer son va-tout en rase campagne, et cette audacieuse tentative aboutissait à une défaite plus éclatante que toutes celles que nos ennemis avaient essuyées jusqu'alors. C'était le 24 juin que nos soldats remportaient sur les Autrichiens une victoire plus importante et plus décisive encore que celle de Magenta.

La dépêche officielle qui annonçait cette grande nouvelle, était datée de Cavriana, village situé entre Peschiera et Mantoue.

Cette dépêche, la voici, dans son laconisme énergique :

GRANDE VICTOIRE DE CAVRIANA.

Paris, 25 juin 1859.

Le Ministre de l'intérieur aux Préfets.

L'EMPEREUR A L'IMPÉRATRICE.

« Cavriana, 24 juin 1859.

» Grande bataille et grande victoire !

» Toute l'armée autrichienne a donné.

» La ligne de bataille avait cinq lieues d'étendue. Nous avons enlevé toutes les positions, pris beaucoup de canons, de drapeaux et de prisonniers.

» La bataille a duré depuis quatre heures du matin jusqu'à huit heures du soir.

» Les autres détails sont impossibles pour le moment. »

Avant même de connaître les détails de la journée du 24 juin, l'opinion publique appréciait déjà, par intuition, les résultats immenses de la victoire que nos troupes venaient de remporter ; car du moment où l'on annonçait que toutes les forces autrichiennes se trouvaient engagées dans l'action, on ne pouvait évaluer à moins de 300 ou 350,000 le nombre de combattants qui y avaient pris part, tant d'un côté que de l'autre. Il fallait donc remonter aux plus grandes batailles de l'ère impériale pour en trouver une équivalente à celle qui venait de se livrer sur les rives du Mincio. De sorte qu'il paraissait certain que, désormais, les Autrichiens n'auraient plus qu'à se renfermer dans leurs forteresses, en attendant que les vainqueurs allassent les en déloger.

Dès que le canon des Invalides eût réveillé Paris dans la matinée du 25, tout le monde courut lire les affiches sur lesquelles était consignée la dépêche officielle annonçant la grande victoire. Presque aussitôt, émerveillée de la grandeur du succès, la population se hâta de pavoiser les maisons de drapeaux aux couleurs françaises et italiennes. Dans les départements, l'enthousiasme ne fut pas moindre qu'à Paris, et les manifestations s'y produisirent avec autant de spontanéité. Partout les maisons se pavoisèrent, partout on illumina ; le *Te Deum* d'actions de grâces retentit sous les voûtes de tous les temples, et le patriotisme français célébra avec joie ce nouveau triomphe de nos armes.

Les épisodes du combat qui venait d'être livré sur les rives du Mincio, étaient attendus avec une vive impatience. Le *Moniteur* du dimanche 26 publiait ce qui suit :

L'EMPEREUR A L'IMPÉRATRICE.

« Cavriana, samedi, 1 h. 1/2 du soir.

» Il est impossible encore d'avoir des détails précis sur la bataille d'hier. L'ennemi s'est retiré cette nuit.

» J'ai passé la nuit dans la chambre occupée, le matin de la bataille, par l'empereur d'Autriche.

» Le général Niel est nommé maréchal de France. »

D'après une correspondance particulière adressée de Vienne au *Times*, le 21 juin, les renforts envoyés à l'armée autrichienne étaient si considérables que, le 20 juin, l'empereur François-Joseph se trouvait à la tête de dix corps d'armée formant un total de 280,000 combattants. De sorte que les ennemis avaient une grande supériorité numérique sur l'armée franco-sarde, qui, cependant, le 24 juin, les chassait de toutes leurs positions.

Au moment de prendre le commandement en chef de ses troupes, l'empereur d'Autriche leur adressait l'ordre du jour que voici :

« En prenant aujourd'hui le commandement immédiat de mes armées postées en face de l'ennemi, je veux, à la tête de mes vaillantes troupes, continuer la lutte que l'Autriche a été forcée d'accepter pour son honneur et son bon droit.

» Soldats ! votre dévoûment pour moi, votre bravoure, dont vous avez donné des preuves si éclatantes, m'assurent que, sous ma conduite, vous remporterez les succès que la patrie attend de vous.

» Vérone, 18 juin.

» FRANÇOIS-JOSEPH, m. p. (*manu propriâ*). »

Un supplément publié par le *Moniteur*, le dimanche 26 juin, contenait la dépêche suivante :

« Cavriana, 26 juin, 11 heures et demie du matin.

» Les Autrichiens, qui avaient repassé le Mincio pour venir nous attaquer avec toute leur armée, ont été contraints d'abandonner leurs positions et de se rejeter sur la rive gauche du fleuve.

» Ils ont fait sauter le pont de Goïto.

» Les pertes de l'ennemi sont considérables. Les nôtres sont de beaucoup inférieures.

» Nous avons pris 30 canons, plus de 7,000 prisonniers et 3 drapeaux.

» Le général Niel et son corps d'armée se sont couverts de gloire, ainsi que toute l'armée.

» Le général Auger a eu un bras emporté.

» L'armée sarde a fait éprouver à l'ennemi des pertes sensibles, après avoir lutté avec un grand acharnement contre des forces supérieures. »

On voit, par ce qui précède, que l'armée piémontaise avait pris une belle part à la journée du 24; elle était commandée par le roi Victor-Emmanuel.

A Turin, la nouvelle de la victoire remportée par les alliés, donnait lieu aux mêmes démonstrations de joie et d'enthousiasme qu'en France. Là, comme chez nous, on prévoyait les résultats presque certains de ce beau succès, et l'on se disait avec satisfaction que si le noble sang des enfants de la France et du Piémont venait de couler une fois encore pour la cause de la justice, le terme de la lutte semblait approcher.

Le *Moniteur* du lundi 27 contenait une note ainsi conçue :

« La bataille du 24 juin prendra le nom de bataille de Solferino. »

CHAPITRE XI.

letin du 4 juillet. — La ville de Peschiera est investie de tous côtés. — Suspension d'armes conclue le 8 pour durer jusqu'au 15 août. — Ordre du jour de l'Empereur à l'armée d'Italie. — Entrevue des deux Empereurs à Villafranca. — La paix est signée.

Il faut saluer, quand elles se présentent, les grandes dates qui sont appelées à occuper une si belle place dans les fastes de la patrie. Le 24 juin 1859 est une de ces journées dont le souvenir reste impérissable, et le nom de Solferino, de même que celui de Magenta, viendra s'inscrire dans nos annales militaires à côté des glorieux noms de Marengo, d'Austerlitz et de Wagram !

Les résultats de la victoire de Solferino étaient immenses, et pour les apprécier, il suffirait de lire ce que les journaux autrichiens écrivaient la veille même de la bataille. Se croyant assurés du triomphe, ils se plaisaient, depuis plusieurs jours, à énumérer les chances favorables pour leur armée, qui devaient rendre sa victoire infaillible.

« Les Français, disaient-ils, fatigués et harrassés par de longues marches, allaient entrer en ligne contre des troupes fraîches, réunies en masses considérables et établies dans les plus avantageuses positions : Comment douter de leur défaite ? Le Mincio serait leur tombeau, et c'est de cette ligne inexpugnable que les Autrichiens s'élanceraient pour reconquérir la Lombardie en un tour de main. »

Ce présage ne s'est pas réalisé ! Et cependant, il faut le reconnaître, le plan de l'ennemi était longuement préparé et étudié ; il avait choisi son terrain, qu'il connaissait depuis longtemps ; toutes ses forces avaient été concentrées pour frapper un coup terrible, c'était le sort de l'Italie qui allait être décidé. Malgré d'immenses ressources de guerre, malgré la connaissance des lieux, dont les moindres accidents étaient familiers à ses soldats, malgré les renforts considérables que son armée avait reçus depuis la bataille de Magenta, malgré la présence de son jeune empereur, qui, assistant à sa première bataille, se promettait sa première victoire, l'Autriche, après un combat dont la longueur prouve l'incroyable acharnement, a éprouvé une défaite qui la plonge dans la consternation. La ligne du Mincio ouverte aux alliés vainqueurs ; le quadrilatère devenu plutôt un asile qu'une défense ; une armée presque détruite, et totalement découragée et démoralisée, voilà quelles étaient pour l'Autriche les désastreuses conséquences de Solferino !

Plaçons ici quelques détails topographiques sur les localités principales où s'engagea cette lutte de plus de seize heures.

Cavriana, d'où était datée la dépêche télégraphique du **24** juin au soir, est un bourg situé à environ 18 kilomètres du Mincio et sur sa rive droite, à 11 kilomètres de Peschiera et du lac de Garde, et à 25 kilomètres de Mantoue ; c'est dans la vaste plaine qui s'étend d'une de ces forteresses à l'autre, sur une longueur d'environ 40 kilomètres, qu'a eu lieu l'ensemble de l'action.

Les points principaux que l'on rencontre dans cet espace de terrain, sont : Borghetto, Volta, Guidizzolo, Melino, Pozzolo, Mazinbone, Goïto, Gomignono. Le quartier-général autrichien était à Valeggio, à un kilomètre et demi du Mincio, sur la rive gauche, et à 6 kilomètres de Cavriana, que l'on écrit aussi Gavriana.

Le village de Solferino, qui donnera son nom à la bataille, se trouve à 7 kilomètres à l'est de Castiglione, et à 4 de Cavriana. Il est situé au pied du mont Margon, et contient de 1,000 à 1,100 habitants. On y voit encore des restes du château des Gonzague, jadis marquis de Castiglione.

Il est temps d'arriver au récit détaillé, de ce fait d'armes, si glorieux pour nous, et si fatal à l'ennemi. On assure que, voyant ses troupes en pleine déroute, l'empereur François-Joseph quitta le champ de bataille les larmes dans les yeux ; sa douleur était légitime ; il venait d'assister à la ruine de ses dernières espérances.

BULLETIN DE LA BATAILLE DE SOLFERINO.

« Quartier-général de Cavriana, 28 juin 1859.

« L'ennemi paraissant concentrer toute sa résistance derrière le Mincio, il importait que l'armée alliée occupât le plus tôt possible les points principaux des hauteurs qui s'étendent de Lonato jusqu'à Volta, et qui forment au sud du lac de Garde une agglomération de mamelons escarpés. Les derniers rapports reçus par l'Empereur indiquaient, en effet, que l'ennemi avait abandonné ces hauteurs et s'était retiré derrière le fleuve.

» D'après l'ordre général donné par l'Empereur, le 23 juin au soir, l'armée du Roi devait se porter sur Pozzolengo ; le maréchal Baraguey-d'Hilliers sur Solferino ; le maréchal duc de Magenta sur Cavriana ; le général Niel sur Guidizzolo, et le maréchal Canrobert sur Medole. La garde impériale devait se diriger sur Castiglione, et les deux divisions de cavalerie de la ligne devaient se porter dans la plaine entre Solferino et Medole. Il avait été décidé que les mouvements commenceraient à deux heures du matin, afin d'éviter l'excessive chaleur du jour.

» Le 24 juin, dès cinq heures du matin, l'Empereur, étant à Montechiari, entendit le bruit du canon dans la plaine et se dirigea en toute hâte vers Castiglione, où devait se réunir la garde impériale.

» Pendant la nuit, l'armée autrichienne, qui s'était décidée à prendre l'offensive, avait passé le Mincio à Goïto, Valeggio, Monzambano et Peschiera, et elle occupait de nouveau les positions qu'elle venait tout récemment d'abandonner. C'était le résultat du plan dont l'ennemi avait poursuivi l'exécution depuis Magenta, en se retirant successivement de Plaisance, de Pizzighettone, de Crémone, d'Ancône, de Bologne et de Ferrare; en évacuant, en un mot, toutes les positions, pour accumuler ses forces sur le Mincio. Il avait, en outre, accru son armée de la plus grande partie des troupes composant les garnisons de Vérone, de Mantoue et de Peschiera; et c'est ainsi qu'il avait pu réunir neuf corps d'armée, forts ensemble de 250 à 270,000 hommes, qui s'avançaient vers la Chiese, en couvrant la plaine et les hauteurs. Cette force immense paraissait s'être partagée en deux armées : celle de droite, d'après les notes trouvées, après la bataille, sur un officier autrichien, devait s'emparer de Lonato et de Castiglione ; celle de gauche devait se porter sur Montechiari.

» Les Autrichiens croyaient que toute notre armée n'avait pas encore passé la Chiese, et leur intention était de nous rejeter sur la rive droite de cette rivière.

» Les deux armées, en marche l'une contre l'autre, se rencontrèrent donc inopinément. A peine les maréchaux Baraguey-d'Hilliers et de Mac-Mahon avaient-ils dépassé Castiglione, qu'ils se trouvèrent en présence de forces considérables qui leur disputèrent le terrain. Au même instant, le général Niel se heurtait contre l'ennemi à la hauteur de Medole. L'armée du Roi, en route pour Pozzolengo, rencontrait de même les Autrichiens en avant de Rivoltella, et, de son côté, le maréchal Canrobert trouvait le village de Castel-Goffredo occupé par la cavalerie ennemie.

» Tous les corps de l'armée alliée étant alors en marche à une assez grande distance les uns des autres, l'Empereur se préoccupa tout d'abord de les relier, afin qu'ils pussent se soutenir mutuellement. A cet effet, Sa Majesté se porta immédiatement auprès du maréchal duc de Magenta, qui était à droite dans la plaine, et qui s'était déployé perpendiculairement à la route qui va de Castiglione à Goïto. Comme le général Niel ne paraissait pas encore, Sa Majesté fit hâter la marche de la cavalerie de la garde impériale et la mit sous les ordres du duc de Magenta, comme réserve, pour opérer dans la plaine, sur la droite du 2e corps. L'Empereur envoya en même temps au maréchal Canrobert l'ordre d'appuyer le général Niel autant que possible, tout en lui recommandant de se garder à droite contre un corps autrichien qui, d'après les avis donnés à Sa Majesté, devait se porter de Mantoue sur Azola.

» Ces dispositions prises, l'Empereur se rendit sur les hauteurs, au centre de la ligne de bataille, où le maréchal Baraguey-d'Hilliers, trop éloigné de l'armée sarde pour pouvoir se relier avec elle, avait à lutter, dans un terrain des plus difficiles, contre des troupes qui se renouvelaient sans cesse.

» Le maréchal était néanmoins arrivé jusqu'au pied de la colline abrupte au sommet de laquelle est bâti le village de Solférino, que défendaient des forces considérables, retranchées dans un vieux château et dans un grand cimetière, entourés l'un et l'autre de murs épais et crenelés. Le maréchal avait déjà perdu beaucoup de monde, et avait dû payer plus d'une fois de sa personne en portant lui-même en avant les troupes des divisions Bazaine et Ladmirault. Exténuées de fatigue et de chaleur, et exposées à une vive fusillade, ces troupes ne gagnaient du terrain qu'avec beaucoup de difficulté.

» En ce moment, l'Empereur donna l'ordre à la division Forey de s'avancer, une brigade du côté de la plaine, l'autre sur la hauteur, contre le village de Solferino, et la fit soutenir par la division Camou, des voltigeurs de la garde. Avec ces troupes marcha l'artillerie de la garde, qui, sous la conduite du général Sévelinges et du général Le Bœuf, alla prendre position à découvert, à 300 mètres de l'ennemi. Cette manœuvre décida du succès au centre. Pendant que la division Forey s'emparait du cimetière, et que le général Bazaine lançait ses troupes dans le village, les voltigeurs et les chasseurs de la garde impériale grimpaient jusqu'au pied de la tour qui domine le château et s'en emparaient.

» Les mamelons des collines qui avoisinent Solferino étaient successivement enlevés, et à trois heures et demie, les Autrichiens évacuaient la position sous le feu de notre artillerie couronnant les crêtes, et laissaient entre nos mains 1,500 prisonniers, 14 canons et 2 drapeaux. La part de la garde impériale dans ce glorieux trophée était de 13 canons et un drapeau.

» Pendant cette lutte, et au plus fort du feu, quatre colonnes autrichiennes s'avançant entre l'armée du roi et le corps du maréchal Baraguey-d'Hilliers, cherchaient à tourner la droite des Piémontais. Six pièces d'artillerie, dirigées par le général Forgeot, ouvraient un feu très vif sur le flanc de ces colonnes et les forçaient à rebrousser chemin en désordre.

» Tandis que le corps du maréchal Baraguay-d'Hilliers, soutenait la lutte à Solferino, le corps du duc de Magenta s'était déployé dans la plaine de Guidizzolo, en avant de la ferme Casa-

Marino ; sa ligne de bataille, coupant la route de Mantoue, dirigeait sa droite vers Medole. A neuf heures du matin, il fut attaqué par une forte colonne autrichienne, précédée d'une nombreuse artillerie qui vint se mettre en batterie à 1,000 ou 1,200 mètres en avant de notre front. L'artillerie des deux premières divisions du 2e corps, s'avançant immédiatement sur la ligne des tirailleurs, ouvrit un feu très vif contre le front des Autrichiens, et, dans le même instant, les batteries à cheval des divisions Desvaux et Partouneaux, se portant rapidement sur la droite, prirent d'écharpe les canons ennemis, qui furent ainsi réduits au silence et bientôt forcés à se reporter en arrière. Immédiatement après, les divisions Desvaux et Partouneaux chargèrent les Autrichiens et leur firent 600 prisonniers.

» Une colonne de deux régiments de cavalerie autrichienne avait cherché à tourner la gauche du 2e corps ; le duc de Magenta avait dirigé contre elle six escadrons de chasseurs. Trois charges de notre cavalerie repoussèrent celle de l'ennemi, qui laissa dans nos mains bon nombre d'hommes et de chevaux.

» A deux heures et demie, le duc de Magenta prit l'offensive à son tour, et donna au général de La Motterouge l'ordre de se porter sur sa gauche, du côté de Solferino, pour enlever San-Cassiano et les autres positions occupées par l'ennemi.

» Le village fut tourné de deux côtés et emporté avec une vigueur irrésistible par les tirailleurs algériens et par le 45e. Les tirailleurs furent lancés aussitôt après sur le contre-fort principal qui relie Cavriana à San-Cassiano, et qui était défendu par des forces considérables. Un premier mamelon, couronné par une espèce de redoute, tomba rapidement au pouvoir des tirailleurs ; mais l'ennemi, par un vigoureux retour offensif, parvint à les en déloger. Ils s'en emparèrent de nouveau avec l'aide du 45e et du 72e, et en furent repoussés une fois encore. Le général de La Motterouge fit alors marcher sa brigade de réserve, et le duc de Magenta fit avancer son corps tout entier.

» En même temps, l'Empereur ordonnait à la brigade Manèque, des voltigeurs de la garde, appuyée par les grenadiers du général Mellinet, de se porter de Solferino contre Cavriana.

» L'ennemi ne put résister plus longtemps à cette double attaque, soutenue par le feu de l'artillerie de la garde, et, vers cinq heures du soir, les voltigeurs et les tirailleurs algériens entraient en même temps dans le village de Cavriana.

» En ce moment, une effroyable tempête, qui éclata sur les deux armées, obscurcit le ciel et suspendit la lutte ; mais dès que l'orage eut cessé, nos troupes reprirent l'œuvre commencée et chassèrent l'ennemi de toutes les hauteurs qui dominent le village. Bientôt après, le feu de l'artillerie de la garde changeait la retraite des Autrichiens en une fuite précipitée.

» A six heures et demie, l'ennemi battait en retraite dans toutes les directions.

» Mais si la bataille était gagnée au centre, où nos troupes n'avaient pas cessé de faire des progrès, la droite et la gauche restaient en arrière. Cependant, les troupes du 4e corps avaient pris, elles aussi, une large et glorieuse part à la bataille de Solferino.

» Parties de Carpenedolo à trois heures du matin, elles se dirigeaient sur Médole, appuyées par la cavalerie des divisions Desvaux et Partouneaux, lorsque, à deux kilomètres en avant de Médole, les escadrons de chasseurs qui éclairaient la marche du corps rencontrèrent les hulans qu'ils chargèrent avec impétuosité ; mais ils furent arrêtés par l'infanterie et l'artillerie ennemies, qui défendaient le village. Le général de Luzy prit aussitôt ses dispositions d'attaque. Faisant tourner Médole à droite et à gauche par deux colonnes, il s'avança lui-même de front, précédé par son artillerie qui canonnait le village. Cette attaque, exécutée avec une grande vigueur, eut un plein succès : à sept heures, l'ennemi se retirait de Médole, et nous lui avions enlevé deux canons et fait bon nombre de prisonniers.

» La division Vinoy, qui suivait la division de Luzy, se porta, au sortir de Médole, dans la direction d'une maison isolée, nommée Casanova, située dans la plaine sur la route de Mantoue, à deux kilomètres de Guidizzolo. L'ennemi se trouvait en forces considérables de ce côté, et un combat acharné s'y engagea pendant que la division de Luzy marchait vers Ceresara d'une part, et vers Rebecco de l'autre.

» En ce moment, l'ennemi tenta de tourner la gauche de la division Vinoy par l'intervalle que laissaient entre eux le 2e et le 4e corps ; il s'approcha jusqu'à 200 mètres du front de nos troupes, mais il fut alors arrêté par le feu de 42 pièces d'artillerie, dirigées par le général Soleille. Le canon de l'ennemi vint aussitôt prendre part à la lutte, et la soutint une grande partie de la journée, bien qu'avec une infériorité manifeste.

» La division de Failly arriva à son tour ; le général Niel, réservant la seconde brigade de cette division, porta la première entre Casanova et Rebecco, vers le hameau de Bacte, pour relier le général de Luzy au général Vinoy. Le but du général Niel était de se porter vers Guidizzolo dès que le duc de Magenta se serait emparé de Cavriana ; il espérait couper ainsi à l'ennemi la route de Volta et de Goïto ; mais il fallait, pour exécuter ce plan, que les troupes du corps du maréchal Canrobert remplaçassent à Rebecco celles du général de Luzy.

Le 3ᵉ corps, parti de Mezzano à deux heures et demie du matin, passait la Chiese à Vesino et arrivait à sept heures à Castel-Goffredo, petite ville enceinte de murs, que la cavalerie de l'ennemi occupait encore. Tandis que le général Janin tournait la position au sud, le général Renault l'abordait de front, faisait enfoncer la porte par les sapeurs du génie, et pénétrait dans la ville en chassant devant lui les cavaliers ennemis.

» Vers neuf heures du matin, la division Renault, arrivée à la hauteur de Medole, se reliait sur la gauche avec le général Luzy, du côté de Ceresara, et sur sa droite faisait face à Castel-Goffredo, de manière à surveiller les mouvements du corps détaché, dont le départ de Mantoue avait été annoncé.

Sur les trois heures de l'après-midi, rassuré sur sa droite, et ayant lui-même la position du général Niel, le maréchal Canrobert fit appuyer la division Renault sur Rebecco, et donna ordre au général Trochu de porter sa première brigade entre Casanova et Bacte, sur le point où se dirigeaient les plus redoutables attaques de l'ennemi. Ce renfort de troupes fraîches permit au général Niel de lancer dans la direction de Guidizzolo une partie des divisions de Luzy et de Failly. Cette colonne s'avança jusqu'aux premières maisons du village; mais, trouvant devant elles des forces supérieures établies dans une bonne position, elle dût s'arrêter.

» Le général Trochu s'avança alors pour soutenir l'attaque avec la brigade Bataille de sa division. Il marcha à l'ennemi par bataillons serrés, en échiquier, l'aile droite en avant, avec autant d'ordre et de sang-froid que sur un champ de manœuvres. Il enleva à l'ennemi une compagnie d'infanterie et deux pièces de canon; déjà il était arrivé à demi-distance de la Casa-Nova à Guidizzolo, lorsqu'éclata l'orage qui vint mettre fin à cette terrible lutte, que le concours du 3ᵉ et du 4ᵉ corps menaçait de rendre si funeste à l'ennemi.

» Au milieu des péripéties de ce combat de douze heures, la cavalerie fut d'un puissant secours pour arrêter les efforts de l'ennemi du côté de la Casa-Nova. A plusieurs reprises, les divisions Partouneaux et Desvaux chargèrent l'infanterie autrichienne et rompirent ses carrés. Mais c'est surtout notre nouvelle artillerie qui produisit sur l'ennemi les plus terribles effets. Ses coups allaient l'atteindre à des distances d'où les plus gros calibres étaient impuissants à riposter, et jonchaient la plaine de cadavres.

» Le 4ᵉ corps a enlevé aux Autrichiens un drapeau, sept pièces de canon et deux milles prisonniers.

» De son côté, l'armée du roi, placée à notre extrême gauche, avait eu également sa rude et belle journée.

» Elle s'avançait, forte de quatre divisions, dans la direction de Peschiera, de Pozzolengo et de Madonna-della-Scoperta, lorsque, vers sept heures du matin, son avant-garde rencontra les avant-postes ennemis entre San-Martino et Pozzolengo.

» Le combat s'engagea ; mais de gros renforts autrichiens accoururent et firent reculer les Piémontais jusque en arrière de San-Martino, et menacèrent même de couper leur ligne de retraite. Une brigade de la division Mollard arriva alors en toute hâte sur le lieu du combat, et monta à l'assaut des hauteurs où l'ennemi venait de s'établir. Deux fois elle en atteignit le sommet en s'emparant de plusieurs pièces de canons ; mais deux fois aussi elle dut céder au nombre et abandonner sa conquête.

» L'ennemi gagnait du terrain, malgré des charges brillantes de la cavalerie du roi, quand la division Cucchiari, débouchant sur le champ de bataille par la route de Rivoltella, vint soutenir le général Mollard. Les troupes sardes s'élancèrent une troisième fois : l'église et toutes les cascines de la droite furent emportées ; huit pièces de canon furent enlevées ; mais l'ennemi parvint encore à les dégager et à reprendre ses positions.

» En ce moment, la 2ᵉ brigade du général Cucchiari, qui s'était formée en colonne d'attaque à gauche de la route de Lugana, marcha contre l'église de San-Martino, regagna le terrain perdu, emporta les hauteurs pour la quatrième fois, mais sans réussir à s'y maintenir ; car, écrasée par la mitraille et placée en face d'un ennemi qui, renforcé sans cesse, revenait toujours à la charge, elle ne put attendre le secours que lui apportait la 2ᵉ brigade du général Mollard, et les Piémontais, épuisés, firent retraite en bon ordre sur la route de Rivoltella.

» La brigade d'Aoste, de la division Fanti, qui s'était portée d'abord vers Solferino pour donner la main au maréchal Baraguay-d'Hillers, fut alors envoyée par le roi pour appuyer les généraux Mollard et Cucchiari dans l'attaque de San-Martino. Elle fut un moment arrêtée par la tempête ; mais, vers cinq heures du soir, cette brigade et la brigade Pignerol, soutenues par une forte artillerie, marchèrent à l'ennemi sous un feu terrible et atteignirent les hauteurs. Elles s'en emparèrent pied à pied, cascine par cascine, et parvinrent à s'y maintenir en combattant avec acharnement. L'ennemi commença à plier, et l'artillerie piémontaise, gagnant les crêtes, les couronna bientôt de 24 pièces de canon, que les Autrichiens cherchèrent vainement à enlever : deux brillantes charges de la cavalerie du roi les dispersèrent ; la mitraille porta le désordre dans leurs rangs, et les troupes sardes restèrent maîtresses des formidables positions que l'ennemi avait défendues, toute une journée entière, avec tant d'acharnement.

» D'un autre côté, la division Durando était aux prises avec les Autrichiens depuis cinq heures et demie du matin. A cette heure-là, son avant-garde avait rencontré l'ennemi à Madonna-della Scoperta, et les troupes sardes, après y avoir soutenu jusqu'à midi les efforts d'un ennemi supérieur en nombre, avaient été forcées de se replier; mais renforcées alors par la brigade de Savoie, elles reprirent l'offensive, et, repoussant les Autrichiens à leur tour, elles s'emparèrent de Madonna-della-Scoperta. Après ce premier succès, le général de La Marmora dirigea la division Durando vers San-Martino, où elle ne put arriver à temps pour concourir à la prise de la position, car elle rencontra sur la route une colonne autrichienne avec laquelle elle eut à lutter pour s'ouvrir le passage, et quand elle eut triomphé de cet obstacle, le village de San-Martino était au pouvoir des Piémontais. Le général de La Marmora avait dirigé, d'autre part, la brigade de Piémont de la division Fanti vers Pozzolengo. Cette brigade enleva avec une grande vigueur les positions de l'ennemi en avant du village, et, maîtresse de Pozzolengo après une vive attaque, elle repoussa les Autrichiens et les poursuivit jusqu'à une certaine distance, en leur faisant essuyer de grandes pertes.

» Celles de l'armée sarde furent malheureusement très considérables et ne s'élevèrent pas à moins de 49 officiers tués, 167 blessés, 642 sous-officiers et soldats tués, 3,405 blessés, 1,258 hommes disparus; total : 5,525 manquant à l'appel. Cinq pièces de canon étaient restées aux mains de l'armée du roi comme trophée de la sanglante victoire remportée contre un ennemi supérieur en nombre, et dont les forces paraissent n'avoir pas été moindres de 12 brigades.

» Les pertes de l'armée française se sont élevées au chiffre de 12,000 hommes de troupe tués ou blessés, et de 720 officiers hors de combat, dont 150 tués. Parmi les blessés on compte les généraux de Ladmirault, Forey, Auger, Dieu et Douay; 7 colonels et 6 lieutenants-colonels ont été tués.

» Celles de l'armée autrichienne n'ont pu être évaluées encore; mais elles ont dû être très considérables, à en juger par le nombre des morts et des blessés abandonnés par l'ennemi sur toute l'étendue d'un champ de bataille qui n'a pas moins de 5 lieues de front. Il a laissé dans nos mains 30 pièces de canon, un grand nombre de caissons, 4 drapeaux et 7,000 prisonniers.

» La résistance opposée à nos troupes pendant seize heures, peut s'expliquer par l'avantage que donnaient à l'ennemi la supériorité du nombre et les positions presque inexpugnables qu'il occupait.

» Pour la première fois, d'ailleurs, les troupes autrichiennes combattaient sous les yeux de leur souverain, et la présence des deux Empereurs et du Roi, en rendant la lutte plus acharnée, devait la rendre aussi plus décisive.

» L'Empereur Napoléon n'a pas cessé un seul instant de diriger l'action, en se portant sur tous les points où ses troupes avaient à déployer les plus grands efforts et à triompher des obstacles les plus difficiles. A diverses reprises les projectiles de l'ennemi ont frappé dans les rangs de l'état-major et de l'escorte qui suivaient Sa Majesté.

» A neuf heures du soir on entendait encore dans le lointain le bruit du canon qui précipitait la retraite de l'ennemi, et nos troupes allumaient les feux du bivac sur ce champ de bataille qu'elles avaient si glorieusement conquis. — Le fruit de cette victoire est l'abandon par l'ennemi de toutes les positions qu'il avait préparées sur la rive droite du Mincio pour en disputer les approches. — D'après les derniers renseignements reçus, l'armée autrichienne, découragée, semblerait même renoncer à défendre le passage de la rivière et se retirerait sur Vérone. »

Le lendemain de la bataille, S. M. l'Empereur adressait à l'armée un ordre du jour ainsi conçu :

« Soldats,

» L'ennemi croyait nous rejeter derrière la Chiese, après
» avoir lui même repassé le Mincio. Vous avez défendu digne-
» ment l'honneur de la France.

» La bataille de Solferino surpasse les souvenirs laissés par
» celles de Lonato et de Castiglione. Pendant douze heures,
» vous avez repoussé les efforts de 150,000 hommes ; votre
» élan n'a pu être arrêté par l'immense artillerie ennemie, et
» par des positions formidables occupant trois lieues d'étendue.

» La patrie vous remercie de votre courage et de votre per-
» sévérance. Elle déplore la perte de ceux qui ont succombé.

» Nous avons pris 3 drapeaux, 30 canons, 6,000 prisonniers.

» L'armée sarde a lutté avec une égale valeur contre des for-
» ces supérieures ; elle est digne de marcher à vos côtés.

» Le sang versé ne sera pas inutile à la gloire de la France,
» ni au bonheur des peuples.

» Cavriana, 25 juin.

» *Signé*, NAPOLÉON. »

Le général Niel qui, par suite de sa belle conduite à Solferino, vient d'être promu au maréchalat, est né à Muret (Haute-Garonne). En 1848, il était colonel du génie à Montpellier.

Devenu général de division, et chargé du siége de Bomarsund, la prise de cette forteresse lui valut le titre d'aide-de-camp de l'Empereur. Envoyé ensuite en Crimée, il fut bientôt après appelé au commandement en chef du génie de l'armée d'Orient, et dirigea les travaux du siége. Quelques jours après l'assaut définitif, il reçut les insignes de grand'croix de la Légion-d'Honneur. Il a publié un mémoire sur la campagne de Crimée ; depuis le commencement de la guerre d'Italie, il commandait en chef le 4e corps de l'armée.

Le général de brigade Auger, qui a eu un bras emporté à Solferino, est né dans le département de la Nièvre. Par suite des dispositions extraordinaires qu'il annonça dès son enfance, il fit ses études aux frais du département. Lors de sa promotion dans l'arme de l'artillerie, il sortit l'un des premiers de l'Ecole Polytechnique. A Magenta, le général Auger avait dirigé notre artillerie avec un talent remarquable. Il a été nommé général de division par l'Empereur sur le champ de bataille de Solferino.

En regard du récit exact de la bataille de Solferino, il est assez curieux de relater ce qu'annonçait le bulletin officiel autrichien, daté de Vérone, 25 juin. Remarquons que ce bulletin commence — comme toujours — à la façon d'un bulletin de victoire :

« Avant-hier, l'aile droite de l'armée autrichienne a occupé Pozzolengo, Solferino et Cavriana. Hier, l'aile gauche s'avançait jusqu'à Guidizzoli et Castel-Goffredo, en repoussant l'ennemi. »

Ce document ajoute que l'aile gauche autrichienne avait pénétré jusqu'auprès de la Chiese ; que c'était seulement dans l'après-midi que les troupes françaises avaient repris l'avantage.

Cependant, il faut bien arriver au résultat définitif de la journée, et le bulletin s'exprime ainsi à ce sujet :

« Néanmoins, il n'a pas été possible de rétablir les positions du centre. »

Enfin, il avoue que les pertes de l'armée de François-Joseph ont été *extrêmement fortes*. Il termine en disant qu'un orage violent qui éclata dans la soirée, et un mouvement du corps principal de l'armée alliée vers Volta, fit décider la retraite des Autrichiens, laquelle ne commença que très tard dans la soirée.

On lisait au *Moniteur* du 29 juin la dépêche suivante :

PASSAGE DU MINCIO.

« Cavriana, 28 juin 2 h. 1|2 du soir.

» Nos troupes passent le Mincio sans résistance, l'ennemi s'étant retiré au-delà ce cette rivière. »

Cette note venait dissiper les incertitudes qui pouvaient rester encore dans quelques esprits sur les résultats de la victoire de Solferino. La défaite de l'ennemi était aussi complète qu'on l'avait prévu d'abord, puisque le Mincio était franchi sans coup férir, dans la journée du 28 juin, par les armées alliées qui se trouvaient alors sur le sol de la Vénétie, et dans la circonscription territoriale dont les angles sont occupés par les forteresses du quadrilatère. Le jour même où nos troupes franchissaient le Mincio, elles étaient rejointes par le 5ᵉ corps de l'armée d'Italie, commandé par le prince Napoléon, lequel amenait un renfort de 30,000 Français et de 10,000 Toscans.

L'empereur François-Joseph avait quitté son armée, laissant le commandement au vieux général Hess, chargé de défendre le quadrilatère.

Des lettres de Rome, datées du 25 annonçaient que la ville d'Ancône avait été réoccupée sans combat par le général Allegrini, marchant à la tête de la garnison de la citadelle. Sinigaglia et Tane étaient rentrés aussi sous l'autorité pontificale à l'approche des troupes commandées par le général Kalbermatten. Tout mouvement révolutionnaire avait cessé dans les provinces des Marches et de l'Ombrio.

A la date du 2 juillet, le *Moniteur* publiait ce qui suit :

L'EMPEREUR A L'IMPÉRATRICE.

« Valeggio (1), 1ᵉʳ juillet.

» Toute l'armée a passé le Mincio. — Les Sardes opèrent
» l'investissement de Peschiera.

» Les renforts que j'ai reçus par l'arrivée de 35,000 hommes
» amenés par le prince Napoléon, m'ont permis de m'appro-
» cher de Vérone sans rien compromettre, puisque j'ai laissé
» un corps d'armée à Goïto pour observer Mantoue, et que j'en
» rassemble un autre à Brescia pour observer les débouchés du
» Tyrol. »

Le 2 juillet, une dépêche de Turin portait qu'une lettre de Milan, datée du 1ᵉʳ, annonçait que la légion du général Garibaldi et la division du général Cialdini manœuvraient pour fermer toute la vallée de l'Adige, s'emparer du lac de Garde et isoler Vérone du Tyrol.

En l'honneur de la victoire de Solferino, si glorieuse pour nos armes, fêtée dans toute la France par les manifestations les plus enthousiastes, un *Te Deum* était chanté à Paris et dans toutes les communes de France, le dimanche 3 juillet.

_____

(1) Valleggio se trouve au-delà du Mincio, et environ à moitié chemin entre Peschiera et Goïto, au point où le Mincio décrit un grand arc de cercle dont la convexité, dans la position de notre armée, faisait face à l'ennemi

Le *Moniteur* du 5 juillet publiait la dépêche dont suit le contenu :

» Valeggio, 4 juillet.

» L'armée française, augmentée du corps d'armée commandé par le prince Napoléon, va se porter sur Vérone. — En attendant, une partie de l'armée sarde commence le siége de Peschiera. »

En même temps, pour activer la prise de Peschiera, des barques canonnières étaient remontées et lancées sur le lac de Garde à Desenzano; elles avaient pour mission de s'emparer des vapeurs autrichiens qui transportaient dans la forteresse de Peschiera des munitions et des vivres.

Les choses en étaient là, lorsqu'une suspension d'armes fut tout à coup annoncée par la dépêche officielle dont suit la teneur :

L'EMPEREUR A L'IMPÉRATRICE.

« Une suspension d'armes est convenue entre l'empereur d'Autriche et moi.

» Des commissaires vont être nommés pour en fixer la durée et en déterminer les clauses. »

En reproduisant cette dépêche, le *Moniteur* du 8 juillet ajoutait :

« Il ne faudrait pas qu'on se méprît sur la portée de cette suspension d'armes ; il ne s'agit que d'une trêve entre les parties belligérantes ; trêve qui, tout en laissant le champ libre aux négociations, ne saurait faire prévoir dès à présent la fin de la guerre. »

Dès le lendemain 9, la feuille officielle insérait cette note :

« Une suspension d'armes a été signée le 8 courant à Villafranca entre le maréchal Vaillant et le feld-maréchal Hess. Le terme en est fixé au 15 août.

» Il est stipulé que les bâtiments de commerce, sans distinction de pavillon, circuleront librement sur l'Adriatique. »

La nouvelle de l'armistice, accueillie avec faveur par l'opinion publique, avait fait naître en France l'espoir de la paix. A la vérité, on ne s'attendait pas qu'elle fût conclue immédiatement, mais on la regardait comme probable et prochaine. C'est ici le moment d'expliquer en quelles circonstances la suspension d'armes était intervenue :

Les grandes puissances neutres échangeaient des communications pour offrir aux parties belligérantes une médiation dont le premier acte devait être la conclusion d'un armistice. Mais l'entente préalable à établir ne permettait pas que ce résultat fût obtenu avant quelques jours.

Les hostilités de notre flotte contre Venise allaient commencer; une nouvelle lutte devant Vérone était imminente.

C'est alors que, fidèle à ses sentiments de modération, l'Empereur Napoléon prit lui-même l'initiative d'une proposition d'armistice; l'empereur d'Autriche y accéda. Dans la situation où les événements avaient placé l'Autriche, on ne pouvait qu'admirer la magnanimité de Napoléon III, qui se montrait ainsi généreux après la victoire autant qu'habile et courageux pendant le combat.

Voici l'ordre du jour adressé par l'Empereur à l'armée d'Italie :

« Valeggio, 10 juillet.

» Soldats,

» Une suspension d'armes conclue le 8 juillet entre les parties belligérantes s'étend jusqu'au 15 août. Cette trêve vous permettra de vous reposer de vos glorieux travaux, et d'y puiser, s'il le faut, de nouvelles forces pour continuer l'œuvre que vous avez si vaillamment inaugurée par votre courage et votre dévoûment.

» Je retourne à Paris, laissant au maréchal Vaillant le commandement provisoire de mon armée. Mais dès que l'heure des combats aura sonné, vous me reverrez au milieu de vous pour partager vos dangers!

» NAPOLÉON. »

Une entrevue entre les deux Empereurs avait été annoncée comme devant avoir lieu le 11 juillet à Villafranca, bourg placé à 8 ou 9 kilomètres des quartiers généraux français et autrichiens. Ce jour là, en effet, Napoléon III et François-Joseph se rencontraient au lieu indiqué, et la paix fut le résultat de leur entrevue.

Dans la journée du 12 juillet, la dépêche suivante était affichée :

Paris, le 12 juillet 1859, 1 h. 10 m. du soir.

Le Ministre de l'intérieur à MM. les Préfets et Sous-Préfets.

L'EMPEREUR A L'IMPÉRATRICE.

» Valeggio, 11 juillet 1859.

» La paix est signée entre l'empereur d'Autriche et moi. Les bases de la paix sont : Confédération italienne sous la présidence honoraire du Pape. L'empereur d'Autriche cède ses droits à l'empereur des Français qui les remet au roi de Sardaigne.

» L'empereur d'Autriche conserve la Vénétie, mais elle fait partie intégrante de la Confédération italienne. Amnistie générale.

» NAPOLÉON. »

CHAPITRE XII.

l'Empereur François-Joseph à ses troupes. — L'Empereur de retour en France.
— Sa réponse aux allocutions des grands corps de l'Etat, lors de leur réception à
Saint-Cloud. — Nouveau ministère piémontais. — Réponse de l'Empereur aux félicitations du corps diplomatique. — Abdication du grand-duc de Toscane Léopold II en faveur de son fils. — Rentrée des troupes françaises. — Erection d'un
monument à Solferino. — Conférences de Zurich, et congrès européen. — Résumé chronologique de la campagne d'Italie.

La paix est signée! Cette nouvelle inattendue ne provoqua
d'abord d'autre sentiment que celui de la joie; car si le patriotisme portait à se réjouir des succès obtenus par les armes de la
France, l'humanité gémissait de tant de sang versé sur les
champs de bataille ! A la vérité, on était encore dans l'incertitude sur la solution de quelques-uns des articles adoptés pour
bases de la pacification; mais on comprenait parfaitement l'importance du résultat obtenu. Deux mois à peine s'étaient écoulés depuis le départ de l'Empereur pour l'armée, et, après une
campagne qui sera l'une des plus glorieuses de notre histoire
militaire; après quatre batailles gagnées coup sur coup, Napoléon III, triomphant sur le Mincio, offrait la paix à un ennemi
vaincu, qui n'aurait pu la demander lui-même.

En principe, la situation de l'Europe était modifiée ; les
traités de 1815 déchirés, en ce qui concernait l'Italie, qui ces-
sait d'être une expression géographique pour devenir l'expression du droit, de la civilisation et de la nationalité !

L'une des conséquences immédiates de la campagne glorieuse, si heureusement terminée en moins de deux mois, c'est
l'évacuation prochaine du territoire italien par toutes les troupes
étrangères, et la nécessité pour les souverains. de la Péninsule,
soit anciens, soit nouveaux, d'asseoir désormais leur puissance
sur l'affection de leurs peuples.

Les vraies garanties de sécurité intérieure et extérieure de
l'Italie se trouveront pour elles dans la constitution fédérale,
qui assurera réellement son indépendance, du pied des Alpes au
bord de l'Adriatique. Les forteresses de Peschiera, Mantoue,
Legnano et Vérone, si elles restent à la Vénétie, cesseront d'être
une menace pour le Piémont augmenté de la Lombardie, parce
que, devenues forteresses fédérales, elles ne pourront être occupées que par des troupes fédérales.

Ainsi, lorsque les conditions de la paix, maintenant ébau-
chées seulement, seront réglées, on verra clairement que la
campagne qui vient de finir a rendu l'Italie à elle-même ; que,
grâce à une modération sans exemple jusqu'à ce jour, l'œuvre
de délivrance que tant d'autres avaient tenté vainement d'accomplir, depuis plusieurs siècles, aura été réalisée en quelques
semaines sans que la paix générale ait été troublée.

Avant de quitter l'armée pour retourner en France, l'empereur Napoléon III adressait à ses troupes la proclamation suivante :

« Soldats !

» Les bases de la paix sont arrêtées avec l'empereur d'Au
» triche, *le but de la guerre est atteint, l'Italie va devenir pour*
» *la première fois une nation.* Une Confération de tous les États
» de l'Italie, sous la présidence honoraire du Saint-Père, réunira
» en un faisceau les membres d'une même famille; *la Vénétie*
» *reste, il est vrai, sous le sceptre de l'Autriche; elle sera néan*
» *moins une province italienne faisant partie de la Confédé*
» *ration.*

» La réunion de la Lombardie au Piémont nous crée de ce côté
» des Alpes un allié puissant qui nous devra son indépendance;
» les gouvernements restés en dehors du mouvement ou rappe
» lés dans leurs possessions comprendront la nécessité de ré
» formes salutaires. Une amnistie générale fera disparaître les
» traces de discordes civiles. L'Italie, désormais maîtresse de
» ses destinées, n'aura plus qu'à s'en prendre à elle-même si
» elle ne progresse pas régulièrement dans l'ordre et la li
» berté.

» Vous allez bientôt retourner en France ; la patrie recon
» naissante accueillera avec transport ces soldats qui ont porté
» si haut la gloire de nos armes à Montebello, à Palestro, à Tur
» bigo, à Magenta, à Marignan et à Solferino ; qui en deux mois
» ont affranchi le Piémont et la Lombardie, et ne se sont arrêtés
» que parce que *la lutte allait prendre des proportions qui n'é*
» *taient plus en rapport avec les intérêts que la France avait*
» *dans cette guerre formidable.*

» Soyez donc fiers de vos succès, fiers des résultats obtenus,
» fiers surtout d'être les enfants bien-aimés de cette France qui
» sera toujours la grande nation, tant qu'elle aura un cœur
» pour comprendre les nobles causes et des hommes comme
» vous pour les défendre.

« Au quartier impérial de Valeggio, le 12 juillet 1859.

» NAPOLÉON. »

A cette même date (12 juillet), l'empereur François-Joseph,
dans une proclamation adressée à ses soldats, leur annonçait la
signature des préliminaires de la paix. Après avoir témoigné à
son armée sa reconnaissance et son admiration pour son dévoûment, S. M. se plaignait très vertement de ceux qu'elle appelle
ses alliés naturels.

Le 17 juillet, l'Empereur arrivait à Saint-Cloud, sans s'être
arrêté à Paris. Le 20, sa majesté recevait au palais de Saint-

Cloud les grands corps de l'Etat. Aux allocutions de S. Exc. M. Troplong, président du sénat, de S. Exc. M. le comte de Morny, président du corps législatif, et de S. Exc. M. Baroche, président du conseil d'Etat, l'Empereur répondait en ces termes :

« Messieurs,

» En me retrouvant au milieu de vous qui, pendant mon absence, avez entouré l'Impératrice et mon Fils de tant de dévoûment, j'éprouve le besoin de vous remercier d'abord, ensuite de vous expliquer quel a été le mobile de ma conduite.

» Lorsque après une heureuse campagne de deux mois, les armées française et sarde arrivèrent sous les murs de Vérone, *la lutte allait inévitablement changer de nature, tant sous le rapport militaire que sous le rapport politique.* J'étais fatalement obligé d'attaquer de front un ennemi retranché derrière de grandes forteresses, protégé contre toute diversion sur ses flancs par la neutralité des territoires qui l'entouraient ; et, *en commençant la longue et stérile guerre des siéges, je trouvais en face l'Europe en armes, prête soit à disputer nos succès, soit à aggraver nos revers.*

» Néanmoins, la difficulté de l'entreprise n'aurait ni ébranlé ma résolution, ni arrêté l'élan de mon armée, si les moyens n'eussent pas été hors de proportion avec les résultats à attendre. *Il fallait se résoudre à briser hardiment les entraves opposées par les territoires neutres et alors accepter la lutte sur le Rhin comme sur l'Adige. Il fallait partout franchement se fortifier du concours de la révolution.* Il fallait répandre encore un sang précieux qui n'avait que trop coulé déjà : en un mot, pour triompher, il fallait risquer ce qu'il n'est permis à un souverain de mettre en jeu que pour l'indépendance de son pays.

» Si je me suis arrêté, ce n'est donc pas par lassitude ou par épuisement, ni par abandon de la noble cause que je voulais servir, mais parce que dans mon cœur quelque chose parlait plus haut encore : l'intérêt de la France.

» Croyez-vous donc qu'il ne m'en ait pas coûté de mettre un frein à l'ardeur de ces soldats qui, exaltés par la victoire, ne demandaient qu'à marcher en avant?

» *Croyez-vous qu'il ne m'en ait pas coûté de retrancher ouvertement devant l'Europe de mon programme le territoire qui s'étend du Mincio à l'Adriatique?*

» Croyez-vous qu'il ne m'en ait pas coûté de voir dans les cœurs honnêtes de nobles illusions se détruire, de patriotiques espérances s'évanouir?

» Pour servir l'indépendance italienne, j'ai fait la guerre con-

» tre le gré de l'Europe ; dès que les destinées de mon pays ont
» pu être en péril, j'ai fait la paix.

» *Est-ce à dire maintenant que nos efforts et nos sacrifices*
» *aient été en pure perte ? Non !* Ainsi que je l'ai dit dans mes
» adieux à mes soldats, nous avons droit d'être fiers de cette
» courte campagne. En quatre combats et deux batailles, une
» armée nombreuse, qui ne le cède à aucune en organisation et
» en bravoure, a été vaincue. Le roi de Piémont, appelé jadis le
» gardien des Alpes, a vu son pays délivré de l'invasion et la
» frontière de ses Etats portée du Tessin au Mincio. *L'idée*
» *d'une nationalité italienne est admise par ceux qui la combat-*
» *taient le plus.*

» Tous les souverains de la Péninsule comprendront le besoin
» impérieux de réformes salutaires.

» *Ainsi, après avoir donné une nouvelle preuve de la puis-*
» *sance militaire de la France, la paix que je viens de conclure*
» *sera féconde en heureux résultats; l'avenir les révélera cha-*
» *que jour davantage, pour le bonheur de l'Italie, l'influence*
» *de la France, le repos de l'Europe.* »

Le discours de Sa Majesté a été fréquemment interrompu par
des marques d'enthousiasme, et s'est terminé au milieu des acclamations les plus chaleureuses et des cris répétés de : *Vive*
l'Empereur! vive l'Impératrice!

Ce discours explique de la manière la plus nette et la plus
positive ce qui, dans les bases du traité de paix, semblait s'écarter du programme formulé par lui à son départ pour l'Italie.
Napoléon III devait considérer avant tout *l'intérêt de la France*;
c'est à ce mobile qu'il a obéi.

M. le comte de Cavour, chef du ministère sarde, ayant donné
sa démission, que le roi a acceptée, le général de La Marmora,
ministre de la guerre, est président du nouveau cabinet; M. le
commandeur Ratazzi a le portefeuille de l'intérieur; le général
Dabormida est ministre des affaires étrangères.

Le corps diplomatique étant venu féliciter l'Empereur à l'occasion de son retour et de la conclusion de la paix, S. M. a répondu :

« L'Europe, en général, était si injuste envers moi au début
» de la guerre, que j'ai été heureux de pouvoir conclure la paix
» dès que l'honneur et les intérêts de la France ont été satis-
» faits.

» J'ai prouvé ainsi qu'il ne pouvait entrer dans mes inten-
» tions de bouleverser l'Europe et de susciter une guerre gé-
» nérale.

» Aujourd'hui, j'ai l'espoir assuré que toutes les causes de

dissentiment s'évanouiront bientôt et que la paix sera de lon-
» gue durée.

» Je remercie le corps diplomatique de ses félicitations. »

Le grand-duc de Toscane, Léopold II, a abdiqué en faveur de
son fils Ferdinand, âgé de 24 ans.

Il paraît certain que l'intention des deux Empereurs est de
n'imposer aucune condition à la libre manifestation des vœux
des populations au midi du Pô. Par suite, les commissaires
sardes seraient rappelés de Florence, Modène, Parme et Plaisance; enfin, aucune pression ni intervention quelconque ne
serait tolérée dans ces provinces. M. Buon-Compagni a déjà
quitté Florence.

Le *Moniteur* du 28 juillet annonce ce qui suit :

« L'Empereur a décidé que les armées de terre et de mer seraient dans le plus bref délai remises sur le pied de paix. »

Une partie de notre armée a déjà quitté l'Italie pour revenir
en France.

S. M. le roi Victor-Emmanuel a décrété qu'un monument serait érigé aux frais de l'Etat sur le champ de bataille de Solferino, pour rappeler à la postérité la victoire remportée le 24
juin 1859 par les armées française et sarde.

Le *Moniteur* du 5 août annonce que par décision de l'Empereur, du 27 juillet, l'armée d'observation a été dissoute.

La ville de Zurich (Suisse) a été choisie définitivement pour
lieu de réunion des plénipotentiaires chargés de représenter la
France, l'Autriche et le Piémont dans la conférence prélimi-
naire au congrès européen.

Ainsi, dans les conférences de Zurich seront réglées définitivement les questions relatives à l'abandon de la Lombardie, à
la délimitation des frontières de la Vénétie et à l'amnistie générale. Quant à la Confédération italique, qui implique une mu-
tation dans la situation politique de l'Europe, il faut l'adhésion
confirmative des grandes puissances de l'Europe ; et, même en
réservant le problème encore irrésolu des duchés, il faut consulter le Pape et le roi des Deux-Siciles.

La conférence de Zurich, qui s'ouvrira au premier jour, n'aura
pas une longue durée.

Et maintenant, nous pouvons dire en terminant que la question italienne est résolue en principe. L'Empereur a pu dire
avec raison : « *La paix conclue sera féconde en heureux résul-*
» *tats; l'avenir les révèlera chaque jour davantage pour le bon-*
» *heur de l'Italie, l'influence de la France et le repos de l'Eu-*
» *rope.* »

Pour clore notre narration des événements de la guerre qui

vient de finir, voici le résumé chronologique de la campagne d'Italie, dont les résultats ont été aussi grands que rapides :

10 mai 1859 . . Départ de l'Empereur pour l'armée.
20 mai. . . . . Victoire de Montebello.
50 mai. . . . . Victoire de Palestro.
1er juin . . . . Passage du Tessin.
3 juin . . . . . Victoire de Turbigo.
4 juin . . . . . Victoire de Magenta.
6 juin . . . . . Entrée de l'Empereur à Milan.
8 juin . . . . . Victoire de Marignan (ou Malegnano.)
18 juin . . . . Entrée de l'Empereur à Brescia.
24 juin. . . . . Victoire de Solferino.
29 juin. . . . . Passage du Mincio.
8 juillet . . . . Suspension d'armes.
12 juillet. . . . Conclusion de la paix.

FIN

Lyon, typographie et lithographie de BAJAT fils, cours de Bresses, 9, Guillotière.

www.ingramcontent.com/pod-product-compliance
Lightning Source LLC
Chambersburg PA
CBHW052047090426
42739CB00010B/2081